农户视角下我国农业绿色发展机制研究

聂 弯 著

图书在版编目（CIP）数据

农户视角下我国农业绿色发展机制研究 / 聂弯著. —北京：知识产权出版社，2025.1.
ISBN 978-7-5130-9606-5

Ⅰ.F323

中国国家版本馆 CIP 数据核字第 2024933UT5 号

内容提要

本书将我国农业绿色发展研究从宏观领域延伸至微观农户层面。首先在理论上梳理农户微观视角下我国农业绿色发展机制；其次通过设计问卷、走访农户、分析问卷，重点分析农户对农业绿色发展的认知与农户农业绿色生产行为采纳的影响因素、农户有机肥替代化肥农业补贴受偿意愿的发生机制及农户认知、农业补贴与农户农业绿色生产行为之间的相互作用关系。本书可为有关部门完善农业绿色补贴等相关政策及其相应的配套措施提供参考。

本书可作为农业经济管理、生态经济学、环境经济学等专业人士学习和科研的参考读物。

责任编辑：刘晓庆　　　　　　　　责任印制：孙婷婷

农户视角下我国农业绿色发展机制研究
NONGHU SHIJIAO XIA WOGUO NONGYE LÜSE FAZHAN JIZHI YANJIU

聂　弯　著

出版发行：知识产权出版社 有限责任公司	网　　址：http://www.ipph.cn
电　　话：010-82004826	http://www.laichushu.com
社　　址：北京市海淀区气象路 50 号院	邮　　编：100081
责编电话：010-82000860 转 8073	责编邮箱：laichushu@cnipr.com
发行电话：010-82000860 转 8101	发行传真：010-82000893
印　　刷：北京中献拓方科技发展有限公司	经　　销：新华书店、各大网上书店及相关专业书店
开　　本：720mm×1000mm　1/16	印　　张：10.75
版　　次：2025 年 1 月第 1 版	印　　次：2025 年 1 月第 1 次印刷
字　　数：182 千字	定　　价：88.00 元
ISBN 978-7-5130-9606-5	

出版权专有　侵权必究
如有印装质量问题，本社负责调换。

目 录

第一章　绪　论 001

　　第一节　研究背景 / 001

　　第二节　国内外文献综述 / 017

　　第三节　研究的目的和意义 / 029

　　第四节　研究方法、数据来源和技术路线 / 031

　　第五节　本书结构及内容 / 035

　　第六节　可能的创新点 / 036

第二章　相关概念界定和理论基础 038

　　第一节　相关概念界定 / 038

　　第二节　农户微观视角下农业绿色发展的理论基础 / 053

　　第三节　理论假设 / 061

第三章　农户微观视角下农业绿色发展的机理分析 063

　　第一节　问题的提出 / 063

　　第二节　农业绿色发展的机制障碍 / 064

　　第三节　农户农业绿色生产行为的动因分析 / 069

　　第四节　农业补贴、农户行为与农业绿色发展的过程机理 / 070

　　第五节　本章小结 / 074

第四章　农户对农业绿色发展的认知与农业绿色生产行为采纳深度的
　　　　影响因素分析 076

　　第一节　引　言 / 076

　　第二节　概念界定、研究假说和模型构建 / 078

　　第三节　农户对农业绿色发展的认知与行为采纳影响因素的实证分析 / 084

　　第四节　结论和政策启示 / 091

第五章　农户有机肥替代化肥农业补贴标准受偿意愿的发生机制分析 093

　　第一节　引　言 / 093

　　第二节　概念界定与研究假设 / 095

　　第三节　研究方法与变量说明 / 098

　　第四节　估计结果与讨论 / 103

　　第五节　结论和政策启示 / 112

第六章　农户认知、农业补贴与农户农业绿色生产行为采纳意愿的
　　　　实证分析 114

　　第一节　引　言 / 114

　　第二节　研究框架、研究假设与方法选择 / 115

　　第三节　变量的选择与数据的信度、效度检验 / 120

　　第四节　农户农业绿色生产行为采纳意愿的影响因素分析 / 126

　　第五节　研究结论与政策启示 / 134

第七章　研究结论和政策建议 137

　　第一节　全书结论 / 138

　　第二节　政策启示 / 140

　　第三节　研究不足与研究展望 / 142

附录一 144

附录二 145

参考文献 154

第一章

绪 论

本章作为本书的开篇章节,共分为六部分。第一部分,介绍了研究背景,指出需要论述的问题:农户微观视角下,我国农业绿色发展的机制如何;第二部分,对国内外的相关研究文献进行了系统梳理,了解已有的研究进展,发现现有研究的不足之处;第三部分阐述了研究目的和研究意义;第四部分说明研究方法、数据来源和技术路线;第五部分给出了本书的结构和主要内容;第六部分列出了研究存在的四个创新点。

第一节 研究背景

一、现实背景

(一)农业资源环境形势严峻

1. 全球农业资源环境概况

从全球范围来看,世界自然资源趋紧,环境形势严峻,严重制约了农业的绿色发展。地球上大约40%的非冻土(约4.3亿hm^2)已经被农作物覆盖或用于饲养牲畜;森林砍伐的林地80%被转变为农业用地;53%的陆地物种受到农业的负面影响;30%~35%的全球温室气体来自农业;世界淡水的70%用于农作物灌溉（Khan et al.，2015）。此外，农业化学投入品的使用加剧了环境污染（Carson，2018）。自1950年以来，合成氮肥的使用量增加了近21倍，这些氮都进入大气层或进入水域，造成河流、湖泊的富营养化；化肥中的磷、使用的杀虫剂及纳米颗粒造成了农业环境退化（Forouzani et al.，2011）。糟糕的农业管理已经持续了数千年（Carson，2018）。面对这些严峻的资源环境形势，联合国开发计划署提出要实行绿色发展，并且在2002年的人类发展报告中将报告题目定为绿色发展，即"2002年中国人类发展报告：让绿色发展成为一种选择"。紧接着，联合国环境规划署在2008年提出"绿色新政"和"绿色经济"倡议（Barbier，2016；王兴贵等，2014），旨在应对当时面临的全球金融危机。农业绿色发展在一些发达国家得以实施，如美国的"低投入可持续农业"、日本的"环境保全型农业"等。

2. 我国农业资源环境状况

（1）农业生产中的耕地资源状况

土地是万物之母，土壤质量的好坏直接关系着粮食生产结果的优劣。近几年来，我国耕地保护面临着一定压力。随着工业化、城镇化进程的快速推进，城镇建设、工业园区建设、道路建设等不可避免地占用了部分耕地资源，致使耕地总量出现下滑趋势，而且，被占用的耕地当中，优质耕地占比颇高，这也使得我国优质耕地面积呈现逐年递减之势（刘冰等，2017）。为此，习近平总书记在2015年5月就做好耕地保护和农村土地流转工作作出重要指示时强调"要实行最严格的耕地保护制度，依法依规做好耕地占补平衡，规范有序推进农村土地流转，像保护大熊猫一样保护耕地"。

全国耕地面积变化状况。从2007—2016年，全国耕地面积除在2008—2009年有所增加外，自2009—2016年，全国耕地面积总体上呈现逐年小幅度减少的态势（图1-1）。《2017中国农村统计年鉴》显示，截至2016年年底，全国耕地面积为1.35×10^8 hm^2，为2009年以来的最低值。2008年的全国耕地面积为这10年中最低值。

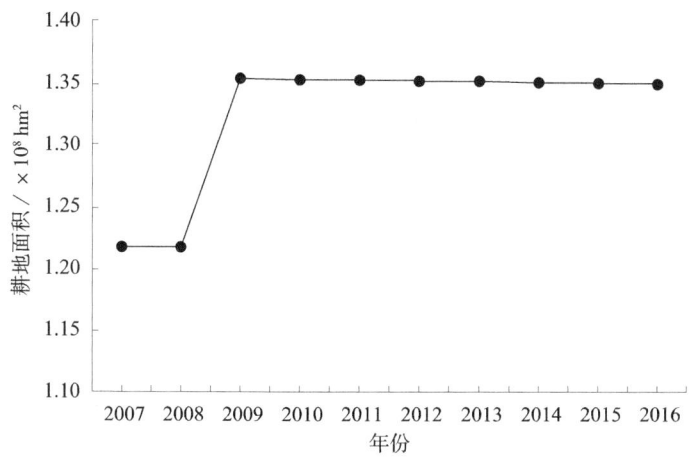

图 1-1　2007—2016 年全国耕地面积变化情况

数据来源：《中国农村统计年鉴》（2008—2017 年）。

《中国国土资源公报》[1] 公布了 2011—2016 年我国增加和减少的耕地面积，以及每年净减少的耕地面积。其中，2016 年，我国新增耕地面积 33.65 万 hm^2，比 2015 年增加 9.42 万 hm^2；减少耕地面积 29.30 万 hm^2，比 2015 年减少 0.47 万 hm^2，年内净增加耕地面积 4.35 万 hm^2，比 2015 年净增加 9.89 万 hm^2。这些数据表明，国家采取最严格的耕地保护制度及"占补平衡"等措施，对耕地资源数量方面的保护发挥了很大的作用，耕地面积快速递减的态势在一定程度上得到遏制。

全国耕地质量状况。中华人民共和国自然资源部发布的《2016 中国国土资源公报》显示：以《农用地质量分等规程》（GB/T 28407-2012）为依据，将全国耕地划分为 15 个等别进行评定：1 等耕地质量最好，15 等耕地质量最差。全国耕地平均质量等别为 9.96 等，高于平均质量等别的 1～9 等耕地面积占全国耕地评定总面积的 39.92%，低于平均质量等别的 10～15 等耕地面积占 60.08%。如果将耕地等别 1～4 等、5～8 等、9～12 等、13～15 等划为优等地、高等地、中等地和低等地，那么全国耕地中优等地、高等地、中等地和低等地所占比例分别为 2.9%、26.5%、52.8% 和 17.8%。

从区域布局来看，我国 13 个粮食主产省份耕地面积占全国耕地面积的比例为 66.03%。其中，仅江苏、安徽、江西、河南、湖北、湖南和四川 7

---

[1] 中华人民共和国自然资源部.2016 中国国土资源公报发布 [EB/OL].[2017-04-28]. https://www.mnr.gov.cn/sj/tjgb/201807/P020180704391918680508.pdf.

省拥有优等地，面积占比为13个粮食主产省区总耕地面积的3.55%；13个粮食主产省（区）均有一定比例的高等地，面积占13个粮食主产省（区）总耕地面积的比例为30.84%；除江苏省没有耕地落在中等地区间外，其余12个省份的中等地面积占13个粮食主产省总耕地面积的比例为49.81%；河北、内蒙古、辽宁、吉林、黑龙江、江西、湖北、湖南和四川9个省（区）均具有一定比例的低等地，面积占比为13个粮食主产省总耕地面积的15.81%。

分省（区）来看，河北、内蒙古、辽宁、吉林均没有优等耕地，山东省既没有优等耕地也没有低等耕地。江苏省耕地质量水平是13个粮食主产省（区）中最高的，只有优等耕地和高等耕地，没有中等耕地和低等耕地；安徽和河南省的耕地质量状况相似，均没有低等耕地。

全国耕地污染状况。环境保护部和国土资源部2014年发布的《全国土壤污染状况调查公报》显示了自2005年4月至2013年12月以来全国（除香港、澳门特别行政区和台湾地区）的土壤污染状况调查结果。调查结果显示，我国耕地土壤的点位超标率为19.1%，其中轻微、轻度、中度和重度污染的比例分别为13.2%、2.8%、1.8%和1.1%[1]。而且，耕地的点位超标率和主要污染物种类均远远高于林地、园地及未利用土地。工业"三废"排放、农业面源污染、生活废弃物及重金属等被认为是导致耕地土壤污染的主要原因。

（2）农业生产中的水资源状况

水资源是保障农业生产不可替代的生态要素，我国人均水资源占有量仅为世界人均水平的1/4，水资源短缺较为严重。水资源短缺不仅威胁以粮食为主的农产品数量安全，而且对农产品质量安全具有严重的影响，进而影响我国农业的健康、可持续发展。

农业用水状况及其变化。水资源禀赋是影响农业生产用水的主要因素之一。我国水资源总量多年平均为26 907.91亿m^3，其中13个粮食主产省区水资源量占全国水资源总量的38.89%。"十一五"期间，全国总用水量为5 902.15亿m^3，13个粮食主产省区的总用水量为3 240.24亿m^3，粮食主产省（区）总用水量占全国总用水量的比例为54.9%；"十二五"时期，全国总

---

[1] 中华人民共和国生态环境部、中华人民共和国自然资源部. 全国土壤污染状况调查公报[EB/OL]. [2014-4-17]. http://www.zhb.gov.cn/gkml/hbb/qt/201404/t20140417_270670.htm.

用水量为 6 126.17 亿 m³，比"十一五"期间的水资源开发利用率增加了 0.84 个百分点，13 个粮食主产省（区）的总用水量为 3 440.04 亿 m³，比"十一五"期间的水资源开发利用率增加了 1.91 个百分点。粮食主产省（区）总用水量占全国总用水量的比例为 56.15%，比"十一五"期间的水资源开发利用率增加了 1.08 个百分点。

就农业用水状况而言，"十一五"期间，全国农业的总用水量为 3 667.91 亿 m³，13 个粮食主产省（区）的农业总用水量为 2 000.63 亿 m³，粮食主产省（区）农业总用水量占全国农业总用水量的比例为 54.54%；"十二五"时期，全国农业总用水量为 3 853.16 亿 m³，比"十一五"期间的农业用水比例增加了 0.75 个百分点，13 个粮食主产省区的农业总用水量为 2 140.34 亿立方米，比"十一五"期间的农业用水比例增加了 0.38 个百分点，粮食主产省（区）农业总用水量占全国农业总用水量的比例为 55.55%，比"十一五"期间的水资源开发利用率增加了 1.01 个百分点。但两个时期，粮食主产区农业用水比例分别低于全国平均水平 0.40 个百分点、0.68 个百分点。

从不同时期粮食主产区农业生产的相关指标占全国的比例来看，"十一五"期间，13 个粮食主产省（区）农业播种总面积占全国农业播种总面积的比例为 68.78%、粮食播种面积占全国的比例为 71.79%、有效灌溉面积占全国的比例为 69.35%、农业用水比例占全国的比例为 54.54%、粮食产量占全国的比例为 75.25%。"十二五"期间，13 个粮食主产省（区）农业播种总面积占全国农业播种总面积的比例为 67.93%，比"十一五"期间减少 0.85 个百分点；粮食播种面积占全国的比例为 71.75%，比"十一五"期间减少 0.03 个百分点；有效灌溉面积占全国的比例为 69.19%，比"十一五"期间减少 0.16 个百分点；农业用水比例占全国的比例为 55.55%，比"十一五"期间增加 1.01 个百分点；粮食产量占全国的比例为 75.94%，比"十一五"期间增加 0.69 个百分点。

农业生产中的地表水水质状况。农产品质量的好坏取决于农业灌溉用水水质的优劣。中华人民共和国生态环境部公布的《中国环境状况公报》（2001—2016 年）结果显示，"十五"时期以来，中国地表水水质改善较为明显。"十五"期间，我国 Ⅰ～Ⅲ 类水质比例为 35.9%，Ⅳ～Ⅴ 类水质比例为 30.2%，劣 Ⅴ 类水质比例为 33.9%；"十一五"期间，我国 Ⅰ～Ⅲ 类水质比例为53.6%，Ⅳ～Ⅴ类水质比例为25.3%，劣Ⅴ类水质比例为21.1%；"十二五"期间，我国Ⅰ～Ⅲ类水质比例为69.0%，比"十一五"期间增加15.4个百分点，比"十五"期间增加33.1个百分点；Ⅳ～Ⅴ类水质比例为20.8%，比"十一五"期间减少4.5个百分点，比"十五"期间减少9.4个百分点；劣Ⅴ类水质比例为10.2%，比"十一五"期间减少10.8个百分点，比"十五"期间减少23.7个百分点。

农业生产中的地下水水质状况。与地表水相比较，我国对地下水水质的关注程度不够。国家相关部门直到2009年才开始关注地下水环境的状况。2016年，水利部门开展了以浅层地下水水质监测为重点的流域地下水水质监测工作，并在东北平原、华北平原、山西及西北地区盆地和平原、江汉平原等重点区域布置了2104个监测站点。这些监测站点涵盖了地下水开发利用程度较大、污染较为严重的地区。综合评价结果显示，松花江地下水水质良好及以上、较差、极差的监测站比例分别为12.9%、72%、15.1%；辽河地下水水质良好及以上、较差、极差的监测站比例分别为10.6%、60.6%、28.8%；海河地下水水质良好及以上、较差、极差的监测站比例分别为31.1%、52.0%、16.9%；黄河地下水水质良好及以上、较差、极差的监测站比例分别为25.5%、44.0%、30.5%；淮河地下水水质良好及以上、较差、极差的监测站比例分别为25.1%、65.4%、9.5%；长江地下水水质良好及以上、较差、极差的监测站比例分别为20.0%、65.7%、14.3%；内陆河地下水水质良好及以上、较差、极差的监测站比例分别为26.0%、48.6%、25.4%。

（3）农业面源污染状况

化肥和农药的应用对我国农业的增产和增收有着巨大的作用，然而，这种增产手段是一把双刃剑。过量使用化肥和农药使农业生产成本逐年增加，还造成耕地板结、土壤酸化等严重的生态环境问题。与此同时，农产品品质下降，化肥超标、农药残留超标等对人类健康造成了重大威胁。新时代中国农业发展最根本的目标或者出发点，应该立足于为14亿中国人提供健康、优质、安全的农产品。这是关系到中华民族自身健康延续下去的重大战略问题（于法稳，2016a）。

2015年2月，为改变农户对高毒农药和化肥的依赖现状，农业部制定了《到2020年化肥使用量零增长行动方案》和《到2020年农药使用量零增长行动方案》，倡导化肥农药零增长行动。2017年，据农业部科技教育司司长廖西元介绍，我国化肥农药零增长行动方案效果显著，化肥农药零增长目标提前三年实现，化肥农药的利用率也大幅度提高。其中，水稻、玉米、小麦三大粮食作物化肥利用率达37.8%，农药利用率达38.8%，均比2015年提高2.2个百分点。

全国农作物农用化肥施用量状况。从2002年到2016年，全国农作物农用化肥施用量总体呈现逐年增加的态势（图1-2）。2002年，全国农作物农用化肥施用量为4.34×10^{10} kg，为这15年中的最低值。2015年，全国农作物农用化肥施用量为6.02×10^{10} kg，比2002年增加了1.68×10^{10} kg。2016年，全国农作物农用化肥施用量较2015年有小幅度减少，为5.98×10^{10} kg，可能的原因是2016年的全国耕地面积较2015年减少。

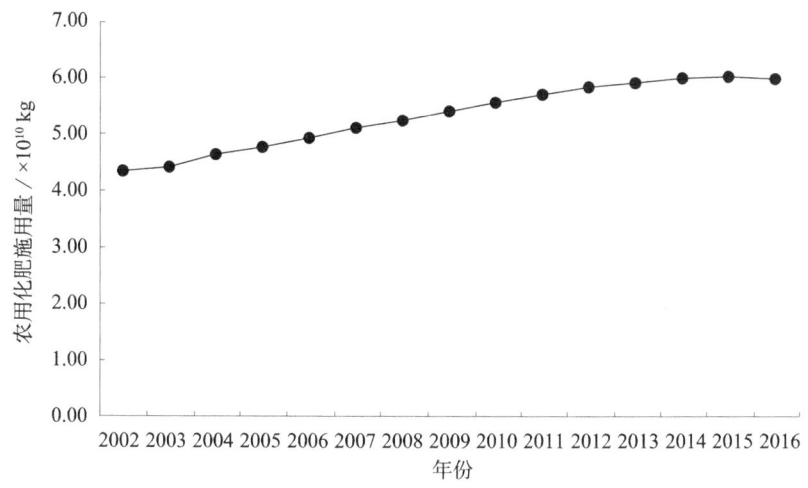

图1-2　2002—2016年全国农作物化肥施用量的变化情况

数据来源：《中国农村统计年鉴》（2003—2017年）。

全国农作物农药使用量状况。从2002年到2016年，全国农作物农药使用量总体呈现逐年增加的态势（图1-3）。2002年，全国农作物农药使用量为1.31×10^{9} kg，为这15年最低值，2014年全国农作物农药使用量为1.81×10^{9} kg，比2002年增加4.95×10^{8} kg。2015年和2016年全国农作物农药使用量较2014年逐年有所减少，可能的原因是农业部制定的《到2020年化肥使用量零增长行动方案》《到2020年农药使用量零增长行动方案》，倡导化肥农药零增长行动，改变了过去农户对高毒农药和化肥的依赖状况。

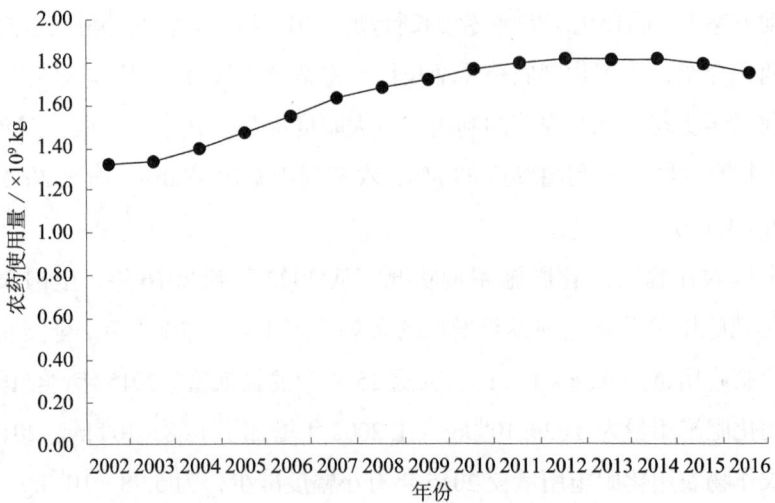

图 1-3 2002—2016 年全国农作物农药使用量的变化情况

数据来源：《中国农村统计年鉴》（2003—2017 年）。

全国农用塑料薄膜使用量状况。从 2002 年到 2016 年，全国农用塑料薄膜使用量总体呈现逐年增加的态势（图 1-4）。2002 年，全国农用塑料薄膜使用量为 1.53×10^9 kg，为这 15 年的最低值。2015 年全国农用塑料薄膜使用量为 2.60×10^9 kg，为这 15 年中的最高值，是 2002 年全国农用塑料薄膜使用量的 1.7 倍。全国农用化肥施用量、农药使用量及农用塑料薄膜使用量逐年增加，加上使用效率低下，在影响农产品品质的同时，对农业生产的水土资源基础造成了严重的污染。

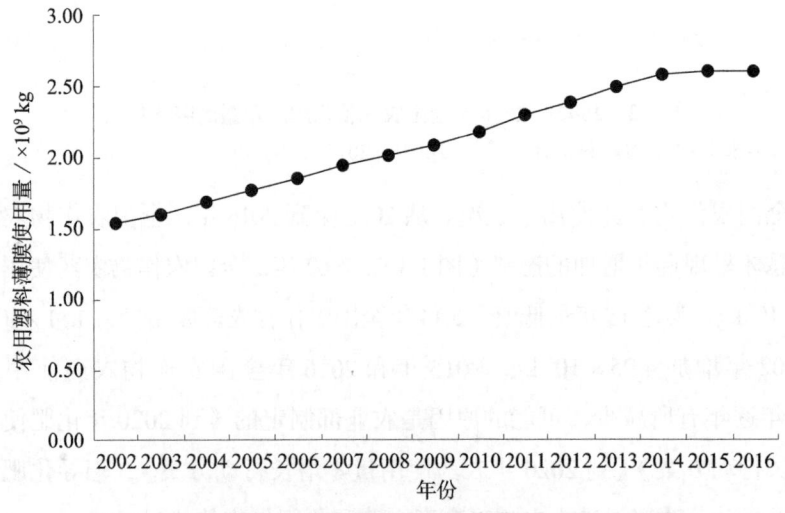

图 1-4 2002—2016 年全国农用塑料薄膜使用量的变化情况

数据来源：《中国农村统计年鉴》（2003—2017 年）。

畜禽粪污状况。据有关部门统计，我国每年产生约38亿吨畜禽粪污，如果随意抛弃这些畜禽粪污，将会造成严重的农业面源污染问题。但是，一旦利用好这些畜禽粪污，不仅能避免农业面源污染，还有利于改善广大农村的生活环境。

2016年7月，农业部制定了《畜禽粪污资源化利用行动方案（2017—2020年）》，对畜禽粪污资源化利用进行了详细的规定，并对各地深入开展畜禽粪污资源化利用行动进行了说明和引导。自该文件发布至今，各地方政府积极响应，取得了较好的成绩。全国已经有4个省采取了整省推进畜禽粪污资源化利用行动方案，5个地级市采取整市推进畜禽粪污资源化利用行动方案，300个畜牧大县采取了整县推进畜禽粪污资源化利用行动方案。农业部的支持和干预显著提升了畜禽粪污的资源化利用能力，也助推了畜禽粪污资源化利用市场机制的完善、将加快建立畜禽粪污还田利用和检测标准体系的进程。

（4）农业生态系统状况

农业生态系统是整个生态系统的重要组成部分。近年来，我国调整优化种养业结构，实施草原生态奖补、休渔禁渔等制度，逐步修复农业生态系统。但农田、草原和渔业等生态系统退化、农业生态服务功能弱化的问题仍然突出。生态系统有所退化，农业生物多样性保护任务更加艰巨。长期以来，过量捕捞或采集、农业过度开发，导致农区野生动植物生境遭受破坏，部分生物物种消失，一些重点保护物种处于濒危状态。入侵的外来有害生物群落物种单一，造成鱼类生长环境破坏、作物产量降低、人畜健康受损等多重危害，并有向农区进一步扩展和蔓延的趋势。

图1-5为从2003年到2013年全国农作物多样性指数变化特征。从图中可以看出，2003年全国农作物多样性指数为1.19，为这11年最高值；2013年，全国农作物多样性指数为1.11，较2003年减少0.08，降幅高达6.72%。全国农作物多样性的逐年减少，一方面影响了农业生态系统的平衡，另一方面也影响了农作物病虫害的发生。

（5）秸秆综合利用状况

我国粮食产量近十年来一直处于逐年增加的态势，因此也产生了大量的秸秆。而在秸秆消耗方面，一方面，随着经济水平的提高，农民越来越多地使用商品能源，采用秸秆做炊事和采暖的农户不断减少。另一方面，秸秆的生产具有季节性，秸秆的还田和储运成本高，导致很难对秸秆进行综合利用。据有关部门统计，我国主要农作物年均秸秆产量为8.24亿吨，如果能提高对这些秸秆的利用率，如提高一个百分点，那么每年将减少800万吨被废弃的秸秆。我国政府近年来非常重视秸秆综合利用问题，通过财政补贴政策加大对秸秆的综合利用率。数据显示，2016年，农业部及财政部总共投入资金38亿元人民币用于秸秆综合利用，具体投入到秸秆还田、秸秆离田的农业补贴中，并选定240个县开展秸秆综合利用。2017年，财政部投入秸秆综合利用补贴中秸秆粉碎还田机、捡拾打捆机购置补贴的资金就达4.6亿元人民币。

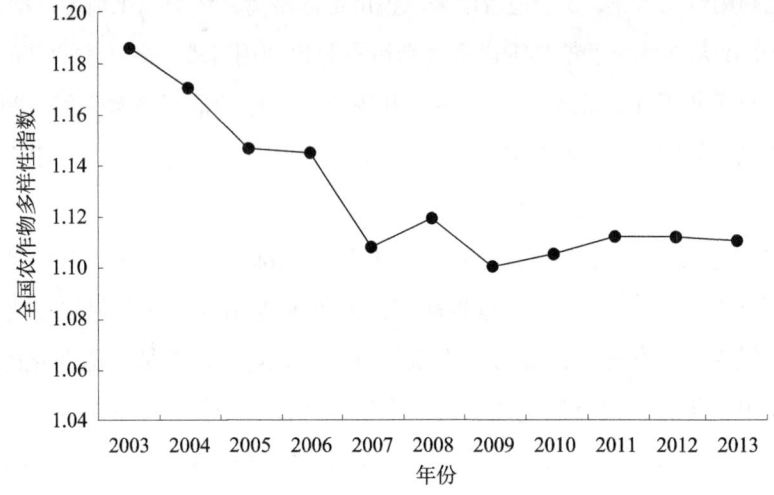

图1-5　2003—2013年我国农作物多样性指数变化情况
数据来源：《中国农村统计年鉴》（2004—2014年）。

（二）农业绿色发展已成为国内外共识

国外并没有"农业绿色发展"的概念，推行手段也各具特色；但是，它们的本体特征、目标等与农业绿色发展相同或者十分相近，如"自然农业""持续农业""有机农业""生态农业"等。英国农业专家哈沃德（Sir. G. Howord）早在1924年就提出了"有机农业"（Organic Agriculture）概念，并将其定义为"完全不用或基本不用人工合成的化肥、农药、生长调节剂、饲料添加剂的生产制度"（Willer，1992）。在西欧国家，有机农业非常流行。日本提倡"高效农业"，旨在通过各种措施，实现农产品生产数量和农业综合经济效益的双目标。美国土壤学家于1971年正式提出"生态农业"，强调减少人类管理的介入，主张一切副产物都要通过再循环，进行自我维持（刘连馥，2009）。20世纪80年代初，国际上提出"可持续农业"概念，并将其定义为"持续满足目前和世世代代的需要，不造成环境退化、技术上恰当、经济上有活力，并且社会上能接受的农业"（刘连馥，2009）。

我国绿色农业思想始于20世纪80年代，直到20世纪90年代才明确提出"绿色"这一概念。以绿色食品为依托，经过十多年的发展，于2003年官方正式提出"绿色农业"概念（刘俊辉，2018）。党的十八大以来，党中央、国务院高度重视绿色发展，"绿色发展"已经成为我国经济社会发展新常态。党的十八大首次提出要推进绿色发展、循环发展、低碳发展，形成节约资源和保护环境的空间格局、产业结构、生产方式和生活方式。2015年3月18日，农业部制定《到2020年化肥使用量零增长行动方案》《到2020年农药使用量零增长行动方案》❶，并出台《关于打好农业面源污染防治攻坚战的实施意见》（以下简称《意见》）。《意见》明确提出到2020年实现农业面源污染"一控两减三基本"的目标，即控制农业用水总量，确保农业用水总量在可控范围内；减少化肥和农药使用总量，从源头上控制农业面源污染的来源；资源化利用地膜、秸秆和畜禽粪便，从生产的末端减少农业面源污染。《意见》的出台，全面打响了农业面源污染治理的攻坚战。2015年9月，中共中央、国务院印发《生态文明体制改革总体方案》（以下简称《方案》）。《方案》创造性地将人类适用的休养生息制度运用于耕地、草原及河湖，提出建立耕地草原河湖休养生息制度，并倡议和编制耕地、草原、河湖休养生息规划。2015年10月29日，中共十八届五中全会通过的《中共中央关于制定国民经济和社会发展第十三个五年规划的建议》将绿色发展与其他四个发展理念并列，明确提出创新、协调、绿色、开放、共享的新发展理念，使绿色发展上升至国家战略层面，并正式成为党和国家的执政理念。2016年5月31日，国务院《土壤污染防治行动计划》（以下简称《计划》）发布。《计划》包括土壤监测、评估、风险防控和治理试点等内容，被认为是有史以来最严厉的"土十条"（何烨，2017）。2016年11月30日，国家发展和改革

---

❶ 农业部种植业管理司. 农业部关于印发《到2020年化肥使用量零增长行动方案》和《到2020年农药使用量零增长行动方案》的通知 [EB/OL].（2014-10-20）[2023-09-12].http://www.moa.gov.cn/xw/bmdt/201503/t20150318_4444765.htm.

委员会等8部门联合出台《耕地草原河湖休养生息规划（2016—2030年）》，明确了耕地草原河湖休养生息的阶段性目标和政策措施。2017年4月24日，农业部发布的《农业部关于实施农业绿色发展五大行动的通知》将农业绿色发展五大行动，即畜禽粪污资源化利用行动、果菜茶有机肥替代化肥行动、东北地区秸秆处理行动、农膜回收行动和以长江为重点的水生生物保护行动，列为五大农业绿色发展重点行动，并呼吁对这五大重点行动进行突破（董峻等，2017）。2017年1月，中共中央、国务院出台《中共中央、国务院关于加强耕地保护和改进占补平衡的意见》，明确提出要守住耕地的"两条底线"：一条是要守住全国18.65亿亩耕地数量的红线；另一条是要严守耕地质量的红线，确保到2020年建成8亿亩、力争建成10亿亩高标准农田，努力达到"藏粮于地"的要求（董峻等，2017）。2017年2月，中共中央、国务院发布《中共中央、国务院关于深入推进农业供给侧结构性改革加快培育农业农村发展新动能的若干意见》，提出进一步加快转变农业发展方式，推行绿色生产方式，将绿色发展理念与模式始终贯穿于农业现代化进程，实现从现代农业转向绿色农业，以增强农业可持续发展能力，对于我国农业现代化的绿色转型发展具有重要的推动作用。习近平总书记多次强调，绿水青山就是金山银山。推进农业绿色发展就是要发展标准化、品牌化、绿色化农业，增加优质、安全、绿色农产品的供给。

（三）农业补贴指向农业绿色发展

政策工具（如补贴）可以通过改变生产者的行为来加快或者减缓环境变化的速度。美国早在20世纪30年代大萧条期间就建立了农业补贴政策（冯继康，2007）。据经济合作与发展组织（Organization for Economic Cooperation Development，OECD）估计，2014—2016年，农业补贴占美国农业总收入的近10%，预计未来十年，美国每年将花费大约150亿美元用于农业补贴，补贴的对象主要是"五大"作物——玉米、大豆、小麦、棉花和大米。欧盟、日本、韩国、新西兰、澳大利亚等发达国家也推出了各种形式的对农民补贴政策，并且这些发达国家的农业补贴总额是发展中国家官方发展援助的2~3倍，数额巨大（崔海霞等，2018）。但是，传统的农业补贴政策的目的是支撑低粮价和提高粮食产量，对环境的关注不足，这就导致了对水、化肥、杀虫剂等投入品的过度使用，造成水污染、土壤退化、生物多样性减少等环境问题（冯海发，2015）。目前，世界各地正在实施数百项环境付费方案，农业补贴改革也因此成为环境政策和国际贸易议程的核心内容（Lee et al.，2016）。欧盟已经将环境目标融入共同农业政策，新的 2014—2020 年共同农业政策奖励农民对保护作物多样性、维护永久性草地和生态重点区域的行为，强化了生态友好型农业实践（O'Neal C，2017；Walter，2005）。根据欧洲议会和理事会 2013 年 12 月 17 日《关于在共同农业政策框架内支持计划下向农民提供直接支付的规则以及废除理事会第 637/2008 号和第 73/2009 号规定的条例》的规定，绿化是一项新的强制性规定，用以补偿农民向公众提供公共产品和服务（如景观和农田生物多样性）而可能产生的利润损失；作物多样化的目标是避免单一种植，并规定 10 hm² 以上的农场需要种植至少两种作物，30 hm² 以上的农场至少要种植三种作物；永久性草地和总的农业面积的比例不得低于 2015 年建立的参考比例的 5%；超过 15 hm² 可耕地的农场需要将至少 5% 的可耕地维持为具有特定环境特征的地区，如缓冲地带、环境保护和氮素固氮作物（Chatterjee et al.，2017）。新的共同农业政策被认为会对农民的决策产生有益的环境结果（Swinton et al.，2014）。世界贸易组织（World Trade Organization，WTO）已经取消"黄箱补贴"❶，此举被认为对环境是一个积极的结果。瑞士在过去 20 多年里对农业补贴进行了一系列改革，其中一项关键的改革就是取消对牲畜农民的直接支付，增加对能够满足生物多样性目标的农民的补贴，以进一步实现生物多样性目标。

中国政府正在积极改革农业补贴政策以促进农业绿色发展。2014 年，中国农业粮食补贴进行试点改革，鼓励对采取环境友好做法的其他农民给予补贴。国家发改委、农业部等部门联合印发了《农业环境突出问题治理总体规划》。2015 年 5 月 13 日，财政部、农业部印发了《关于调整完善农业三项补贴政策的指导意见》，指出加大对农业三项补贴的资金支持，重点用于支持粮食适度规模经营和建立完善的农业信贷担保体系，并选择部分省开展试点工作。相应地，政策目标也调整为支持耕地地力保护和粮食适度规模经营。❷

---

❶ "黄箱补贴"是指政府对农产品的直接价格干预和补贴，包括对种子、肥料、灌溉等农业投入品的补贴，以及对农产品营销贷款的补贴等。

❷ 财农〔2016〕26 号：财政部农业部关于全面推开农业"三项补贴"改革工作的通知,农业部财务司，2016 年 4 月 26 日。

2016年4月26日,财政部和农业部印发《财政部农业部关于全面推开农业"三项补贴"改革工作的通知》,明确指出全面以绿色生态为导向推开农业"三项补贴"改革,加快推进农业"三项补贴"由激励性、覆盖性补贴向功能性和环节性补贴转变,旨在提高农业补贴政策的指向性、精准性和实效性。2016年11月1日,中央全面深化改革领导小组审议通过了《建立以绿色生态为导向的农业补贴制度改革方案》。该方案指出,要把政策目标由原来的以数量增长为主,调整到数量、质量和生态并重。此外,该方案具体提出,到2020年,基本建成以绿色生态为导向、促进农业资源合理利用与生态环境保护的农业补贴政策体系和激励约束机制。2017年6月,中央财政共安排25.6亿元资金,支持进一步扩大耕地轮作休耕制度试点规模。在东北冷凉区、北方农牧交错区推广轮作1 000万亩,扩大500万亩。在河北地下水漏斗区、湖南重金属污染区、西南西北生态严重退化地区休耕200万亩,扩大84万亩。

纵观我国农业补贴政策实施的10多年(如图1-6),对确保粮食安全和农产品有效供给发挥了积极作用,我国农业产出在2004—2015年实现了"十二连增"的丰收局面就是佐证。但是,由于以往的农业补贴政策过度强调对粮食生产的激励作用,对农业的其他功能,特别是对农业的资源环境保护功能关注较少。近年来,农业补贴刺激农业生产的环境负效应逐渐显现,威胁我国农业的可持续发展。

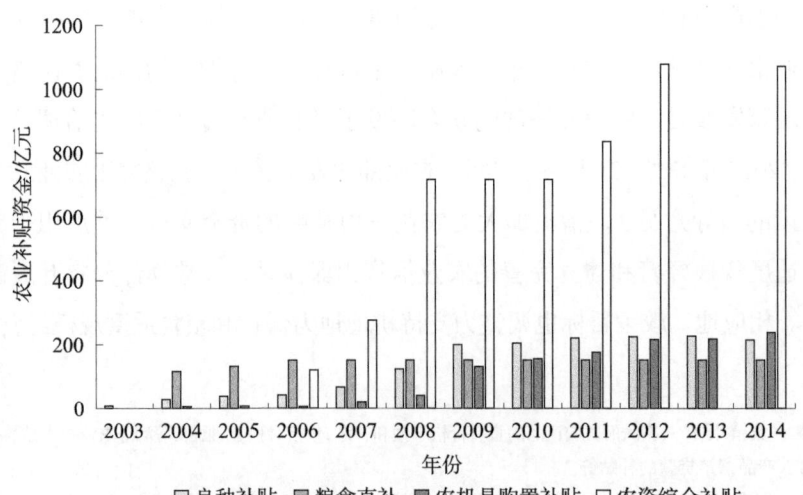

图 1-6　我国 2003—2014 年农业补贴资金增长

一方面，粮食直接补贴在我国大部分地区都是按照耕地承包面积进行发放，这种补贴方式大大刺激了以石油制品为原料的化肥、农药等农用化学品的投入，以及以石油为动力的农业机械的采用，对降低农业生产成本、稳定粮食播种面积起了积极作用。但是，由这些补贴导致的化肥、农药、除草剂及杀虫剂的大量使用，对农业环境造成了严重的损害。《中国统计年鉴》数据显示，2016年年底，全国耕地面积134 921千 hm^2，平均化肥施用量443.5 kg/hm^2，远远超过国家为防止水体污染而设置的225 kg/hm^2的安全上限。2002—2015年，全国农用化肥、农药、农用塑料薄膜和农用柴油使用量总体上呈不断上升的趋势，2016年有所下降（表1-1）。

表1-1　2002—2016年全国农用化肥、农药、塑料薄膜、柴油使用量

年份	农用化肥施用量 /$\times 10^{10}$kg	农药使用量 /$\times 10^{9}$kg	农用塑料薄膜使用量 /$\times 10^{9}$kg	农用柴油使用量 /$\times 10^{10}$kg
2002	4.34	1.31	1.53	1.51
2003	4.41	1.33	1.59	1.57
2004	4.64	1.39	1.68	1.82
2005	4.77	1.46	1.76	1.90
2006	4.93	1.54	1.85	1.92
2007	5.11	1.62	1.94	2.02
2008	5.24	1.67	2.01	1.89
2009	5.40	1.71	2.08	1.96
2010	5.56	1.76	2.17	2.02
2011	5.70	1.79	2.29	2.06
2012	5.84	1.81	2.38	2.11
2013	5.91	1.80	2.49	2.15
2014	6.00	1.81	2.58	2.18
2015	6.02	1.78	2.60	2.20
2016	5.98	1.74	2.60	2.12

数据来源：《2003—2017中国农业年鉴》。

另一方面，由于当前农业补贴资金大部分是按照农民承包耕地面积进行发放的，农民担心土地流转以后自己的利益受损，所以大多数农民即使是撂荒也不愿意把土地流转出去，这可能会阻碍土地规模经营的实现，增加环境友好型农业生产方式的推广难度。与此同时，由于土地所有权和经营权的分离，很多规模经营农户由于不具有土地的所有权，他们并不愿意加大对农业的环境保护和优化的投资。

二、理论背景

舒尔茨在其《改造传统农业》一书中强调，只有现代农业才能对发展中国家经济增长做出巨大的贡献（舒尔茨，2006）。农业与其他产业相比，除了具有经济功能，还具有社会保障、生态屏障等多种功能，进而使农业政策的目标也具有多元性。有学者曾将农业的目标划分为三个层次：社会目标、环境目标和经济目标（Gómez-Limón et al.，2004；乔翠霞，2012）（表1-2）。从国际经验看，发达国家最初实施农业补贴政策主要是为了实现农业的经济目标，如增加农民的收入、保持本国农产品的国际竞争力、防止农产品过剩等，但很少考虑环境因素（Lambarraa，2009）。国外学者研究认为，在世界范围内，对环境产生最大威胁的是农业。迫于内外部环境的压力，从20世纪90年代开始，以OECD国家为主要代表进行的农业补贴改革都将补贴目标转向更好地保护环境的农业实践。作为农业补贴政策实施过程中的重要主体，农户的行为对农业绿色发展起着关键作用。在既定政策下，农户采取何种生产经营方式，将直接决定农业绿色发展的水平和效果。因此，对农业补贴促进农户农业绿色生产行为的分析，是研究农业补贴政策和农业绿色发展的重要内容。

表1-2 农业目标

类别	目标
社会目标	保护农户财产
	村庄维护和乡村生活质量的提高
	传统农产品的保护
环境目标	鼓励同环境保护相协调的农业活动
	自然区域的保留
	传统农业风貌的保持
经济目标	合理的消费者价格的保障
	安全、健康食品的保障
	鼓励农场之间的竞争
	保障农民收入
	保障国家粮食自给

资料来源：G'omez-Lim'on, I. Atance, Identification of public objectives related to agricultural sector support. Journal of Policy Modeling, 2004（26）：1045-1071.

已有的研究文献针对农业补贴对农户农业绿色生产行为的影响尚未达成一致结论，主要有以下两种观点：一种观点认为，农业补贴政策对农户种粮行为没有产生有效的政策影响（黄季焜等，2011）；另一种观点认为，农业补贴政策对农户农业绿色生产行为具有显著的激励作用（李江一，2016）。此外，现有文献对农业补贴政策如何影响农户农业绿色生产行为问题认识不清，缺乏对农业补贴政策对农户农业绿色生产行为影响机理的深入考察。

本书从农户的微观视角，基于农业面临的资源环境形势情境，运用农业绿色发展理论、农户行为理论和农业补贴理论，以农户问卷数据为依托，采用双变量 Probit 模型、有序 Logit 模型、ISM 方法、结构方程模型等方法，旨在对我国农业绿色发展的现状、成因和解决方案等问题做出全面、系统和深入的分析，希望为我国农业绿色发展提供理论支撑和实践启示。本书的研究思路如图 1-7 所示。

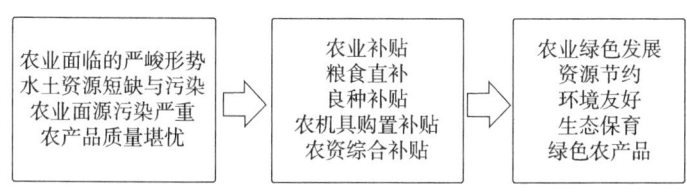

图 1-7　本书的研究框架

第二节　国内外文献综述

一、国外文献综述

（一）"类绿色农业"研究

国外学者对"类绿色农业"❶的研究可以追溯至 20 世纪 20 年代。那时，发达国家"石油农业"的一系列弊端开始显现，引起了国外学者的高

---

❶　由于"绿色农业"概念最早由我国绿色食品协会在 2003 年提出，所以将国外的相似概念统称为"类绿色农业"。所谓"类绿色农业"，指的是名称不一定是"绿色农业"，推行手段也各具特色，但它们的本体特征、目标等与绿色农业相同或者十分相近，如"自然农业""持续农业""有机农业""生态农业"等。

度关注和深入探索（Daily，1997）。1924年，英国农业专家哈沃德（Sir. G. Howord）最早提出了"有机农业"的概念，并将其定义为"完全不用或基本不用人工合成的化肥、农药、生长调节剂、饲料添加剂的生产制度"。有机农业的本质是生态主导型农业模式，在西欧国家非常流行（刘连馥，2009）。但是，由于有机农业过分追求回归自然，忽视了人类对农产品需求的极速增长和农业综合经济效益，只能在一小部分范围内满足一小部分人的特殊消费需求，综合生产生态经济效益并不高。2000年，全球出现当年粮食生产量比消费量低的情况就是佐证。

当在世界范围内的粮食紧张状况得到缓解，但粮食的数量安全还没有得到根本解决，一些发展中国家又急于从农业产业中获得经济效益的背景下，以日本为代表的国家提出了"高效农业"的概念，旨在通过各种措施，实现农产品生产数量和农业综合经济效益的双目标（彭文生，2013）。但是，由于这种农业模式没有对"农业生产过程中相关投入物资、技术措施对生态环境的破坏"引起应有的关注，所以这种农业模式只在历史上存在了较短的时间。

1971年，美国土壤学家正式提出"生态农业"的概念，以此来应对"石油农业"的弊端和发展"有机农业"（赫尔曼·E.戴利等，2014）。"生态农业"本质是生态生产协调型农业模式，强调减少人类管理的介入，主张一切副产物都要通过再循环进行自我维持（李周，2015）。与"有机农业"一样，生态农业也提倡使用固氮植物、施用腐殖质肥料、农家肥、实行作物轮作等来保持土壤肥力。但是，由于强调小范围生态系统的完整性、多种经营及适当的动物（包括人）与植物的构成比例，生态农业在实践中多是小规模、小系统，也没有摆脱过分追求生态平衡和资源环境的可持续性而使经济效益没有体现的缺陷。

20世纪80年代初，在"可持续发展"理念的推动下，国际上提出"可持续农业"概念，并将其定义为"持续满足目前和世世代代的需要，不造成环境退化、技术上恰当、经济上有活力，而且社会上能接受的农业"（速水佑次郎，2003）。可持续农业实质也是生态生产协调型农业发展模式，过分强调资源的可持续利用，对农业的经济效益关注不够。随着我国"绿色农业"的提出，发达国家也接受并采纳了这一提议。表1-3是五种农业模式的比较。

表 1-3　五种农业模式的比较

模式	目标	措施	局限性	经济效益	本质
石油农业	农产品数量最大化	"三高"	没有考虑保护生态环境	经济效益低	生产主导型
有机农业	保护生态环境	排除或没有化学投入物	产量低下，经济效益不是主要目标	经济效益不高	生态主导型
高效农业	产量和经济效益	各种措施	没有关注"投入物质、生态环境"	追求经济效益	生产经济协调型
生态农业	可持续，数量最大化	循环	经济效益非主要目标，经济效益没有体现，经济效益受到模式本身的局限	经济效益没有得到体现	生态生产协调型
绿色农业	可持续、产量、产品质量、经济效益	先进科技等各种措施	起步阶段	追求实现农业综合经济效益的提高	生态生产经济协调型

但是，国外学者对绿色农业的概念尚没有形成统一认识。在国际层面，可以将绿色农业理念演进过程划分为三个阶段：第一阶段，20世纪六七十年代，人类开始反思经济增长，强调加强末端治理，这一阶段绿色农业理念指的是减少环境污染排放；第二阶段，20世纪八九十年代，呼吁弱可持续的发展和提高资源环境效率，这一阶段的绿色农业理念指的是加强资源有效利用，同时减少对农业环境造成的污染；第三阶段，21世纪初，强调强可持续的绿色经济和全球合作治理，这一阶段的绿色农业理念不仅强调节约农业资源、减少农业环境污染，还拓展到修复农业生态系统及生产绿色农产品等全方位的绿色发展领域。

（二）农户农业绿色生产行为影响因素研究

国外学者从感知、态度、意图、动机和障碍等方面对农户采用农业绿色生产行为进行了较全面的研究，计量分析方法主要包括结构方程模型、多元回归分析等。学者（Budry，2007）采用结构方程模型方法研究考察了感知易感性、严谨性、利益和障碍对海地农民的环境态度改变的影响，以及态度对行为的因果效应。研究结果表明，海地农民对环境的态度明显受到土地退化的敏感性和严重程度的影响。将感知易感性、严重程度和态度联系起来的路径系数分别为 0.49（t=5.43）和 0.21（t=3.78），对环境的积极态度似乎会导致更大的行为改变倾向，从态度到行为的路径系数是 0.21（t=3.81）。农业生产力显著地影响了海地农民对土地退化易感性和严重程度的认识。人均资源占有显著影响人们对良好环境质量效益的认识和行为变化的障碍。研究表明,农民的目标是决定有机农业采用的决定性因素(Oliver,2008)。学者(WANG Qing-song,2010)采用冯·纽曼—摩根斯顿模型对农业保险中的农民行为进行了研究。研究结果表明,农业保险行为受到诸多因素的影响。在自愿保险和一定数额的补贴中,绝大多数农民不会选择保险,而农业保险的需求只能被看作潜在的需求而非有效的需求。研究认为,激励、规则、观念、个人价值观和社会规范等,都塑造了农户如何管理农业生态系统(Swinton et al.,2015)。应用结构方程模型对2014—2020年欧盟共同农业政策(Common Agricultural Policy,CAP)改革中农户的采纳动机进行了研究(Menozzi et al.,2015)。研究结果表明,农民的态度和过去的行为对实施共同农业政策(CAP)改革的意愿产生了积极的影响。对泰米尔纳德邦的农民的社会—经济—沟通—心理特征"对采用生态友好型的作物管理进行了研究"(Otchia,2014)。研究结果表明,年龄、农场废物处置行为和综合虫害管理(Integrated Pest Management,IPM)的采用行为表现出积极和显著的特点,而牲畜的占有、创新和科学的定位显示了对被调查对象的生态作物管理实践的消极和显著的贡献。

(三)农业补贴、农户行为与农业绿色发展相关研究

1.农业补贴对农业绿色发展的影响

国外越来越多的文献讨论了农业补贴与农业绿色发展之间的理论和实证关系。大多数研究试图建立国内支持水平和环境损害程度之间的直接相关关系,并且国外的研究一致认为传统的农业补贴会对农业绿色发展产生负面的影响。与生产有关的补贴被OECD列为对环境有害的。学者利用GIS对密西西比河三角洲地区农业补贴的环境影响进行评估(Merem et al.,2016)。研究结果表明,农业补贴与环境质量下降、土地使用等要素变化相关。研究认为,农业补贴增加了环境成本(Zrakić et al.,2015)。《缩小联邦治理》一书中针对农业补贴对环境的影响进行了专门研究(Edwards,2016)。研究结果表明,农业补贴对环境产生了负面影响。2007年11月15日,联合国粮农组织在其出版的《粮食和农业状况》中指出,以牺牲生态系统服务为代价鼓励生产的

农业补贴会加剧生态系统的恶化。学者对农业补贴、贫困和环境进行研究发现：对发达国家环境而言，补贴可能导致生态系统退化；对发展中国家环境而言，贫困是环境退化的一个驱动力（Vins et al.，2007）。针对发达国家的研究一致认为，减少、脱钩或取消农业补贴通常可以降低环境的压力（Havlík et al.，2011）。2003年欧盟共同农业政策改革的核心内容就是将收入支持与生产脱钩。对2003年奥地利共同农业政策改革的后果进行研究，结果表明，逐步取消对环境有害的农业补贴政策是正确的（Wick et al.，2010）。

2. 农业补贴对农户农业绿色生产行为的影响

关于政策和经济活动之间关系的文献可以追溯到1980年Barro建立的以政府支出为中心的内生增长模型（Barro，1980）。该模型揭示了政府在促进经济增长方面的作用，政府可以采取财政措施刺激国内储蓄和公共储蓄（Vina et al，2011）。与此同时，政府可以采取不同的税收政策，对投资和储蓄行为进行调节和刺激。国外大量研究探讨了农业补贴政策对环境、贫困、技术变革、人力和社会资本形成等的影响（Maharjan et al.，2013）。而国外大多数有关农业补贴对农户农业绿色生产行为的影响的结论主要有两种：一种观点认为，非传统农业补贴对农户农业绿色生产行为具有显著的激励作用；另外一种观点则认为，传统农业补贴是阻碍农户农业绿色生产行为的障碍性因素。

大多数研究均支持非传统农业补贴有助于促进农户采用环境友好型行为。2007年11月15日，联合国粮农组织在其出版的《粮食和农业状况》中指出，对农民谨慎的、有针对性的支付可以作为保护环境和应对气候变化、生物多样性丧失及水资源短缺的一种途径。联合国粮农组织总干事雅克·迪乌夫在该报告的前言中说："农业雇佣的人比其他任何人类活动都多，使用的土地和水也更多。""它有可能降低地球的土地、水、大气和生物资源——或者是提高它们——取决于超过20亿人的决定，这些人的生计直接依赖于农作物、牲畜、渔业或森林。确保为这些人提供适当的激励是至关重要的。"一位资深环境经济学家说："精心设计的环境服务支付是帮助农民改变土地使用习惯，使农业更加环保的一种方式。""这些都是农民可以提供的实际服务的报酬，就像农民为他们生产的大米或咖啡支付的费用一样。"（Lipper et al.，2014）。研究发现，瑞典对有机农业转化的补贴对其样本中27%的农民有影响（Salomonsson，2000）。学者强调了在经济激励措施中，从生态友好型的实践中获得的赠款和补贴被认为是激励农业转化的有力工具（Musshoff and Hirschauer, 2008）。研究发现，缺乏经济激励是阻碍农民转向有机农业的一个重要障碍（Uematsu, 2012）。学者采用多项 logistic 回归对韩国传统的、部分转化的和环境友好型农业的盈利能力和影响农民选择的因素进行了研究（Lee et al., 2016）。研究结果表明，补贴对农民选择部分转化和环境友好型农业的可能性有积极的影响。

已有研究认为，传统农业补贴通过抑制农民的创新性（Edwards, 2016），鼓励农民开拓脆弱土地发展种植业（Vina et al., 2014），将那些原本用于公园、森林、草地及湿地的土地都转变成农业用途（O'Neal, 2017），过度使用化肥和农药，抑制作物轮作（Edwards, 2016），以及补贴单一的农作物进而减少作物的多样性等途径，对农业绿色发展产生阻碍作用。学者采用转换类型的 probit 模型来估计农户选择传统农业还是有机农业的（Pietola et al., 2001）。研究结果表明，投入和产出的价格、补贴率负向影响从传统农业转向有机农业的可能性。《缩小联邦治理》一书针对农业补贴对环境的影响进行了专门研究（Edwards, 2016）。研究结果表明，农业补贴对环境产生了负面影响，补贴抑制了农民的创新性。学者研究了复杂的投入和产出补贴对印度作物选择和耕作方式的影响（Chatterjee et al., 2017）。研究结果表明，粮食产量补贴对地下水位下降有显著影响。农业补贴对作物多样性影响的研究结果表明，单一的农作物补贴会减少作物的多样性（O'Neal, 2017）。补贴导致超产，人们开始开发低质量的农地，将那些原本用于公园、森林、草地及湿地的土地都转变成农业用途。美国能源独立协会（Americans for Energy Independence, AEI）的学者认为，给农作物保险津贴将鼓励农民开拓脆弱土地发展种植业，使原来用于放牧的土地也被农民开发来发展种植业。补贴可能导致化肥和农药的过量使用，农民会在贫瘠和气候脆弱的土地上增加化肥和农药的使用量，因此将会导致水污染问题。因为联邦糖项目的实施，甘蔗生产已经扩大到佛罗里达地区，种植者使用的磷肥对大沼泽地造成损害就是例证。有学者认为，补贴还可能会抑制作物轮作，促使农户仅仅种植有农业补贴的作物，这反过来可能导致化肥使用的增加（Edwards, 2016）。由补贴和乙醇政策驱动的玉米生产的繁荣，显然正在导致密西西比河和墨西哥湾的污染问题。

二、国内文献综述

(一)农业绿色发展内涵

目前,国内学者对农业绿色发展的内涵尚达成一致意见。通过梳理相关的文献发现,在内容上,农业绿色发展指的是以农业发展为核心,兼顾经济、社会和生态三大内容,追求实现经济效益、社会效益和生态效益的协调和统一;在观念上,农业绿色发展的观念是可持续性,它来源于解决资源数量、环境容量的有限性与经济社会发展对资源、环境需求的无限性矛盾的需要,来源于人们对发展认识水平的提高,来源于经济社会发展必须转变经济增长方式的客观要求;在目标上,农业绿色发展就是要通过改造,把传统农业和"传统的现代化农业"转变为绿色农业。农业绿色发展是要科学地处理人口、经济、资源、环境之间的关系,把原有的由经济、社会、生态构成的无机农业系统改造为相互影响、相互促进的有机农业系统。

综合起来,本研究认为,农业绿色发展指的是以发展为核心,以农业资源的永续利用和良好的生态环境为主要标志,以科技创新为依托,生产既要满足当代人需要的绿色农产品,又要考虑未来发展的需要的农业发展方式。

(二)农户农业绿色生产行为影响因素研究

农户农业绿色生产行为是指农户为了实现利润最大化目标,在权衡自身资源禀赋特征和社会经济环境的约束下,做出是否接受并采用对农业绿色发展具有正向促进的行为,如减少化肥、农药的使用,增加有机肥的使用等。目前,国内文献中对农户农业绿色生产行为影响因素的研究比较全面和丰富(王常伟等,2013),为揭示农业补贴对农户农业绿色生产行为影响的机理提供了重要的启示。农户农业绿色生产行为影响因素主要分为三类:农户个体、家庭及生产特征,基于计划行为理论(Theory of Planned Behavior,TPB)确定的变量,以及基于新古典经济学中的效用理论确定的因素。余威震等(2017)选择农户性别、年龄、健康状况、受教育水平、从众心理,以及是否兼业这些变量反映农户个体特征,选择土壤肥力、农业收入占比、种植规模和是否兼业作为生产经营表征变量,对绿色认知视角下农户绿色技术采纳意愿与行为悖离进行了研究。研究结果表明,农户的性别、年龄和从众心理是农户个体特征中显著影响农户在采用有机肥技术意愿上与行为发生悖离;在生产经营特征变量中,土壤肥力和种植规模显著影响农户绿色技术采纳意愿与行为悖离。潘世磊等(2018)选择性别、年龄、受教育水平、政治面貌和健康状况作为农户个体特征变量,选择家庭人均收入、社会资本作为家庭特征的替代变量,研究绿色农业发展中农户意愿及其行为影响因素。研究结果表明,在农户的个体特征变量中,农户的政治面貌对其从事绿色农业的意愿起着显著的促进作用;在家庭特征替代变量中,家庭人均收入和社会资本均未通过显著性检验。王建华等(2014)选择性别、年龄、受教育程度、婚姻状况、打工经历、家庭年收入和务农年限等作为农户的个体特征变量,选择土地经营规模、劳动力投入数量、农业收入在总收入中的比重、农药投入在总投入的比重,以及生产中投入的农药类型作为农户种植特征的替代变量。研究农产品安全生产:农户农药施用知识与技能培训。研究结果表明,农户的年龄和受教育水平是农户个体特征变量中对农户农产品安全生产具有显著影响的变量,在农户种植特征变量中,农业收入在总收入的比重、农药投入在总投入中的比重对农户农产品安全生产具有显著的影响,均通过了1%水平的显著性检验。李想等(2013)选择种植年限、性别、村干部、文化程度和技术风险类型表征农户个体特征,选择家庭人口、家庭总收入、非种菜收入比例和种植规模作为家庭特征变量的替代变量,研究农户可持续生产技术采用的关联效应及影响因素。研究结果表明,村干部、种植年限和文化程度是农户个体特征变量中影响农户采用不同可持续生产子技术的显著变量;而在家庭特征变量中,家庭总收入和种植规模是影响农户可持续生产技术采用的显著变量。王昌海(2014)从农户个体特征变量、农户家庭特征表征变量等方面,选择性别、年龄、受教育年限、是不是户主、家庭人口总数、人均年纯收入和家庭外出务工人数占劳动力比例等具体测量变量,研究农户生态保护态度。研究结果表明,农户的受教育年限在农户个体特征变量中对农户生态保护态度具有重要影响的因素;在农户家庭特征变量中,家庭人口数、外出务工人数显著影响农户生态保护态度。

基于计划行为理论的研究也比较成熟,为本书的研究提供了有益的借鉴。王洪丽等(2016)通过设计反映农户对质量安全水稻相关知识的认知程度的问卷,以及询问农户对无公害、绿色和有机水稻的认知程度,环境对水稻质量安全的影响的认知程度，农药残留对水稻质量安全影响的认知程度，重金属残留对水稻质量安全影响认知程度，对优质安全水稻栽培技术规程的了解程度，研究农户农产品质量安全与小农户生产行为。研究结果表明，农户对无公害、绿色和有机水稻的认知程度和对优质安全水稻栽培技术规程的了解程度对农户的质量安全控制行为影响显著。张利国等（2017）通过设计反映农户态度、政府规制及非正式制度的变量，研究农户道德风险行为发生的影响因素。研究结果表明，农户态度、政府规制及非正式制度三个变量负向显著影响农户道德风险行为。姜利娜等（2017）从农户对政府禁止使用农药的认知，对绿色、无公害、有机产品的了解，环境关注，购买农药时比较说明书，商家宣传，基层政府组织提供的讲座，政府农药残留检测，参加过农药使用技术培训以及商业化程度等方面，对农户绿色农药购买意愿与行为背离进行了研究。研究结果表明，农户对政府禁止使用农药的认知、对绿色、无公害、有机产品的了解对农户绿色农药购买意愿和行为均具有显著影响，环境关注、购买农药时比较说明书、商家宣传、基层政府组织提供的讲座等显著影响购买意愿，政府农药残留检测、参加过农药使用技术培训以及商业化程度显著影响购买行为。吴雪莲等（2017）设计了包括农技推广服务（具体为信息渠道通畅度、信息质量满意度、技术指导满意度和技术指导频数）、农户信息诉求（具体为风险态度、生态环境评价和农产品生产安全评价）的问卷，研究农户绿色农业技术认知影响因素及其层级结构分解。研究结果表明，风险态度、技术指导频数、信息通畅度均可显著正向影响农户绿色农业技术认知程度，农产品生产安全评价对农户绿色农业技术认知深度有显著负向影响。

基于新古典经济学中的效用理论确定的变量也为本书提供了很多的参考。王常伟等（2013）选择市场收益保证（产量影响、价格影响、风险态度）、市场组织模式（售前合同、合作社）、政府介入方式（售前检测、宣传指导、种植检测）等变量，研究究竟是市场的力量还是政府的力量影响了我国菜农农药用量的选择。研究结果表明，影响农户农药使用量决策的主要因素是农户认知中农药对蔬菜产量的正向影响、对蔬菜价格的认知以及自身的风险态度等，而市场行为和政府管控，包括签订销售合同、参加合作社、宣传指导和种植监管等措施都对约束菜农的农药过量使用行为收效甚微；相反，参加合作社和签订售前合同反而会正向促进菜农的农药过量使用行为。

王昌海（2014）研究农户生态保护态度发现，与保护区内农户相比，是否有经济补偿对保护区外农户保护态度影响更为显著。侯建昀等（2014）对农户施药行为的研究结果也表明，农户施用高毒农药的主要原因是与绿色农药相比，高毒农药的成本更低，见效更快，短期内的回报更为可观。史冰清等（2013）对农民参与不同市场组织形式的特征及行为研究表明，政府监管力度是一个显著的影响变量。李英等（2013）对稻农的生产组织模式选择行为及其影响因素进行的实证分析结果表明，专业化程度、标准化生产情况和安全稻米溢价等因素对农户选择安全稻米生产组织模式有正向影响。姜利娜等（2017）对农户绿色农药购买意愿与行为的背离研究结果同样表明，价格因素和商品化程度显著影响农户的购买行为。

从研究方法上看，以往的学者运用多种不同的计量经济学方法研究影响农户农业绿色生产行为的因素。从大体来看，这些方法主要集中在 Logit 多元回归分析方法，包括二元 Logistic、多项 Logistic 和 Ordered Logit 模型、Logistic—ISM 模型、Probit 模型、动态博弈模型、倾向评分匹配法（Propensity Score Matching，PSM）、结构方程模型（Structural Equation Modeling，SEM）、Multivariate Probit 回归模型、Ordinal Probit-ISM 模型、Tobit 模型和 OLS 估计方法等。例如，苏向辉等（2017）采用 Binary Logistic 模型，对新疆棉农低碳生产行为及其影响因素进行了分析；王昌海（2014）运用多项 Logistic 回归方法，分析了陕西朱鹮自然保护区内外社区农户特征及国家政策对生态保护态度的影响；耿宇宁等（2017）采用 Ordered Logit 模型研究了经济激励、社会网络对农户绿色防控技术采纳行为的影响；余威震等（2017）采用 Logistic—ISM 模型研究了农户绿色技术采纳意愿与行为悖离；潘世磊等（2018）采用 Probit 模型研究绿色农业发展中的农户意愿及其行为影响因素；周荣华等（2013）采用动态博弈模型研究了绿色食品生产中农户机会主义治理；王建华（2014）采用倾向评分匹配法对农户农药施用知识与技能培训进行了研究；张利国等（2017）、张童敏等（2015）、李世杰等（2013）运用结构方程模型对农户行为及其影响因素进行了研究；李想等（2013）采用 Multivariate Probit 回归模型对农户可持续生产技术采用的关联效应及影响因素进行了研究；吴雪莲等（2017）采用 Ordinal Probit-ISM 模型对农户绿色农业技术认知影响因素及其层级结构分解进行了研究；华红娟等（2012）运用 Tobit 模型研究了农业生产经营组织对农户食品安全生产行为的影响；李光泗等（2007）采用 OLS 估计方法对无公害农产品认证对农户农药使用行为的影响进行了研究。

（三）农业补贴、农户行为与农业绿色发展相关研究

1. 农业补贴对农业绿色发展的影响

国内学者认为，现有的农业补贴的生态功能尚未凸显（熊冬洋，2017），应该改革传统的农业补贴制度为农业绿色发展友好型农业补贴。范宝学等（2011）对财政惠农补贴政策效应进行研究时指出，我国应该逐步建立和完善农业生态环境补贴政策。程国强等（2012）研究中国工业化中期阶段的农业补贴制度与政策选择也得出类似的结论，并且指出农业补贴的对象应该集中在我国粮食主产区的专业农户，补贴的依据是农户是否采用资源节约型、环境友好型农业生产经营方式。朱满德等（2011）对中国农业政策——支持水平、补贴效应与结构特征的研究中指出，我国应该完善农业生态环境补偿制度，适时采取"亲环境"的投入品补贴政策，引导农户使用清洁能源和有机肥进行生产，减少化肥、除草剂和杀虫剂的使用，采取灾毁复垦、退耕还林还草、土地休耕、土壤保护和生态农业等保护性措施。侯石安等（2016）研究初始禀赋差异、农业补贴与农地流转选择中指出，我国应重视对"重质量"的粮食生产行为的补贴激励，增设农业产地环境补贴。邢娇阳等（2013）在研究我国农业补贴促进产地环境保护的现状、障碍及对策中指出，"四补贴"要与粮食质量挂钩，实现农业绿色发展。

2. 农业补贴对农户农业绿色生产行为的影响

已有研究多数认为，农业绿色发展友好型农业补贴主要通过影响农户的种植行为决策和投资行为决策，进而对农业绿色发展产生影响。张慧琴等（2017）研究农户对粮食生产补贴政策的认知与规模变动时发现，随着农户种植规模的扩大，粮食补贴起到了一定的补偿作用，进而提高农户的种粮积极性。李江一（2016）从激励效应和财富效应两个方面对农业补贴政策的效应进行研究发现，农业补贴政策通过影响农户对农业机械的使用，增加化肥、农药、种子、农业技术、劳动力、农业基础设施等要素的投入，进而对

农业绿色发展产生影响。然而，有极少数研究认为农业补贴政策对农户的投资决策行为没有产生影响，进而也对农业绿色发展不产生影响。例如，姜松等（2012）对粮食直补和农资综合补贴对农业生产的影响进行的研究发现，补贴既没有扭曲市场，也没有对粮食生产和农资投入产生影响。侯玲玲等（2012）对农业补贴政策对农业面源污染的影响分析结果表明，农业补贴并没有使化肥的投入量显著增加，由此得出结论，由化肥引起的农业面源污染并没有随着农业补贴政策的实施而有所加重。综上所述，国内现有研究主要采用定性分析的方法，从政策设计的角度提出建立和完善农户农业绿色生产行为的农业补贴政策，运用计量分析方法对农业补贴促进或抑制农户农业绿色生产行为的研究还鲜有涉及。本书将从农户微观视角切入，采用农户问卷调研数据，探讨农业补贴对农户农业绿色生产行为影响的机理。

三、国内外文献述评

从以上的分析中可以发现，学术界对通过转变农业补贴政策目标进而促进农业绿色发展的倾向性，致力于确定影响农民决策的作用机理，并将这些纳入政策、计划和项目是一个重要的研究领域。确定并深入研究了55篇有关定量建模的农户环境保护性行为的文献，并在随后的几年中发表了大量文献，对此加以证明（Prokopy et al.，2008；Baumgart-Getz et al.，2012）。但是，已有研究中关于"农户过度利用水、土自然资源、过量使用化肥农药等化学投入品、加大机械投入力度，以及减少劳动力投入等行为——水、土等农业资源短缺、面源污染、生态系统破坏、农产品质量不高——农户农业绿色生产行为转变——农业绿色发展"的逻辑中缺少了关键一环，即农户的农业绿色生产行为并不会主动发生，农业面临严峻的环境形势并不一定会导致农户自行将传统的农业生产方式转变为农业绿色发展友好型的生产方式，他们往往需要政策的激励。此外，我国政府在实践中往往遵循着"农业面临严峻的资源环境形势—农业补贴—农户农业绿色生产行为—农业绿色发展"的路径。换言之，现有研究中关于农业补贴政策对农户农业绿色生产行为的影响机理如何，以及在实践中如何运用农业补贴手段来促进农业绿色发展等方面的研究还存在明显不足。本书将基于现有的文献，从农户的微观视角，定性地、系统化地梳理农户微观视角下我国农业绿色发展的机理。

在研究方法方面，典型案例研究、理论经济模型构建、计量经济模型分析、GIS 等都有涉及。在计量经济模型中，运用得较多的是结构方程模型、多项 Logistic 分析、Probit 模型，为后来的研究提供有益的借鉴。

从研究视角来看，已有研究主要从政策设计的宏观方面对农业补贴的改革方向做了定性分析，但尚未从农户微观视角，定量研究农户农业绿色生产行为采纳意愿、影响因素及因农业补贴诱发的农户行为变化对促进农业绿色发展的影响。本书采用经济学理论和实证检验相结合的方法，从农户微观视角展开农户农业绿色生产行为意愿和行为的研究，并应用农户调研数据，对本研究拟解决的关键问题进行深入解析及验证。

第三节 研究的目的和意义

一、研究的目的

（一）从农户微观视角探讨我国农业绿色发展的机制

本书基于成本收益函数模型的解析，分析农户微观视角下我国农业绿色发展的机制，澄清"农户过度利用水、土等自然资源、过量投入化肥、农药、农膜等化学投入品、加大机械投入、减少劳动力投入—收入预期增加—加强对水、土等自然资源的利用、化肥、农药、机械的投入、进一步减少农业劳动力投入—水、土等自然资源短缺、农业面源污染、生态系统破坏、农产品质量下降"[1]的内在逻辑，解析我国农业绿色发展面临严峻形势的根源，为引导农户采纳农业绿色生产行为提供理论支撑。

本书基于农户调研的微观数据，采用双变量 Probit 模型分析农户认知与农户农业绿色生产行为采纳的影响因素以及影响的方向和强度；采用条件价值评估法（Contingent Valuation Method，CVM）、有序 Logit-ISM 模型分析

---

[1] 中华人民共和国自然资源部.2016 中国国土资源公报发布 [EB/OL].（2017-04-28）[2023-12-05]. https://www.mnr.gov.cn/sj/tjgb/201807/P020180704391918680508.pdf.

农户农业绿色生产行为采纳的农业补贴标准受偿意愿的影响因素、影响的方向和强度；采用结构方程模型分析行为认知、行为控制、行为能力、行为意愿、农业补贴等对农户农业绿色生产行为采纳的影响路径。

（二）从农户微观视角研究农业补贴促进农户农业绿色生产行为，以实现农业绿色发展的内在微观机理

目前，有关农业补贴促进农户农业绿色生产行为与实现农业绿色发展的关系仍然不明确，需要进一步的澄清和梳理。本书基于"农业绿色发展面临的严峻形势—农业补贴绿色生态化改革—农户农业绿色生产行为转变—农业绿色发展"的研究框架，采用农户调研微观数据，应用双变量 Probit 模型、有序 Logit-ISM 模型及结构方程模型，来验证农户农业绿色行为采纳的影响因素、作用路径和作用方向及农业补贴对农户农业绿色生产行为的作用路径、方向和强度。

（三）确定政策制定者如何进行干预，以提高农户农业绿色生产行为的采纳意愿

农户作为农业绿色发展的重要主体，其行为意愿直接决定农业绿色发展的进程。农业补贴作为一项重要的激励政策，如何对其改革以实现对农户农业绿色生产行为的激励，从而达到农业绿色发展的目的，仍然需要进行进一步的研究。

二、研究的意义

（一）理论意义

本书从农户的微观视角对我国农业绿色发展机制进行研究，并对成本收益理论、计划行为理论、供求理论及规模经济理论进行理论拓展，为农户微观视角下农业绿色发展研究奠定理论基础。

本书是关于微观经济学、制度经济学与行为经济学交叉融合的基础研究，把当前我国农业绿色发展研究从宏观领域延伸至微观农户层面和收益成本方面，一定程度上拓展了农业绿色发展理论的研究范畴。

利用双变量 Probit 模型、有序 Logit-ISM 模型和结构方程模型，从农户

认知、农户行为采纳、农户意愿及农业补贴等方面进行影响因素、作用路径、作用方向、作用强度等的深入分析，对从农户微观层面把握农户行为和农业补贴促进或者抑制农业绿色发展的作用机理，具有重要的理论价值。

（二）实践意义

本研究有助于进一步掌握农户农业绿色生产行为的影响因素，通过设计反映农户认知、行为和意愿等的问卷，在农户调查的基础上对数据进行深入分析，探析农户认知对农业绿色发展的影响因素、农户农业绿色生产行为采纳意愿的影响因素、农业补贴对农户农业绿色生产行为的影响因素等，对于从农户微观视角了解农户农业绿色生产行为的影响因素具有重要的现实意义。

本书的研究结论对政策部门完善农业补贴政策及其相应的配套措施具有一定的参考价值。本书首先从理论上梳理清楚农户微观视角下农业绿色发展的机制，然后通过设计问卷、走访农户、分析问卷，重点关注我国农业的绿色发展、农户对农业绿色发展行为的采纳意愿，以及农业补贴对农户农业绿色生产行为的促进或者阻碍作用，对政府有关部门完善农业补贴政策等相关政策及其相应的配套措施提供参考。

第四节　研究方法、数据来源和技术路线

一、研究方法

（一）文献分析法

文献分析法是指立足所要研究的问题，对前人的相关研究进行广泛的阅读和整理，达到对所要研究的问题的研究进展具有较全面理解的一种研究方法。该方法通常涉及文献检索、归类、整理、分析及评价等方面。首先，本研究依托中国社会科学院研究生院图书馆数据库资源平台及谷歌等互联网搜索引擎对与本研究相关的文献进行收集。其次，按照国外文献和国内文献的分类方法对所收集到的文献进行简单归类，并在此基础上，按照研究对象、

研究视角、研究内容、研究方法和研究结论的逻辑框架，对国内外相关文献进行广泛而深入的研读和分析。最后，按照理论研究脉络传承及实践研究的特点，总结归纳本研究问题的研究趋势、明确以往相关研究存在的问题、以往研究存在的不足及现有研究的缺陷，在此基础上，提出拟解决的问题，并相继确定本研究的研究对象、研究内容和可能的理论贡献。

（二）归纳总结法

本书的第一章至第四章主要运用归纳总结法，归纳总结前人的研究成果，明确本研究的理论基础，系统分析我国农业绿色发展的现状，并着重从农户微观视角梳理我国农业绿色发展的机理，提出本书的研究假设。其中，第一章通过大量的国内外相关文献，提炼出本书的研究主题，详细论述了本书的研究背景、国内外相关文献综述，并在此基础上，提出本书的研究目的、意义、方法、需要的数据及数据来源、技术路线和论文结构及可能的创新点。第二章归纳总结后提出了本书涉及的几个核心概念，梳理清楚了农户微观视角下农业绿色发展的理论基础，提出本书的两个研究假设。第三章主要归纳总结后梳理清楚农户微观视角下农业绿色发展的机理。第四章主要归纳总结全国和样本省农业绿色发展的现状和问题。

（三）双变量 Probit 模型

在第五章实证研究农户对农业绿色发展的认知与农业绿色生产行为采纳深度的影响因素分析中，运用了双变量 Probit 模型。农户对农业绿色发展是否有一定程度的认知，以及是否采用深层次的农业绿色生产行为，是两个二重选择问题，进行两两组合，可能产生 4 种结果，因此选用双变量 Probit 模型。

（四）条件价值评估法

在第六章实证研究农户有机肥替代化肥农业补贴标准受偿意愿的发生机制分析中，采用了条件价值评估方法评估稻农有机肥替代化肥的农业补贴受偿意愿。通过构建假想市场，采用条件价值评估法中的两项选择法来调查江西省六县（市、区）水稻种植户的有机肥替代化肥的农业补贴意愿受偿水平。

（五）有序 Logit 模型

在第六章实证研究农户有机肥替代化肥农业补贴标准受偿意愿的发生机

制分析中，运用有序 Logit 模型分析验证了影响农户有机肥替代化肥农业补贴标准接受意愿的因素。

（六）ISM 方法

ISM 方法是现代系统工程的分析方法，用于探究系统的结构和层次、识别系统的关键因素及研究各因素之间的层次结构。在第六章中，本书用实证研究来探究农户有机肥替代化肥农业补贴标准接受意愿的影响因素之间的关系和层次结构。

（七）结构方程模型

在第七章"农户认知、农业补贴与农户农业绿色生产行为采纳意愿的实证分析"中，运用了结构方程模型检验农户认知、农业补贴和农户农业绿色生产行为之间的作用关系，主要涉及的统计分析软件是 AMOS。

二、数据来源

本书研究所用数据均来源于 2018 年 7～8 月暑假期间对江西省水稻种植户开展的问卷调查。江西省位于我国的东南部，辖 11 个设区的市、100 个县级行政区，是我国江南以水稻为主的重要粮食产区之一。调研地点选择是按照经济发展水平不同、选取江西省 3 个较有代表性的地级市，每个地级市选择 2 个县，每个县选择 1～2 个镇，每个镇选择 2～4 个村，每个村选择 20～30 户农户进行问卷调查的原则，最终调研的地点为江西省赣州市南康区和安远县、九江市修水县和彭泽县，以及宜春市丰城市和樟树市这 6 个县（市、区）。2018 年上述 6 个县（市、区）的经济发展水平：丰城市生产总值为 423.7 亿元，排名全省第 4 位；樟树市生产总值为 333.6 亿元，排名全省第 10 位；南康区生产总值为 188.24 亿元，排名全省第 28 位；修水县生产总值为 145 亿元，排名全省第 38 位；彭泽县生产总值为 95 亿元，排名全省第 72 位；安远县生产总值 58.54 亿元，排名全省第 91 位。样本县（市、区）涵盖了江西省经济发展水平较高的县（市、区）、经济发展水平中等的县（市、区）和经济发展水平较低的县（市、区），其中丰城市属于"第一批国家农业可持续发展试验示范区暨农业绿色发展试点先行区名单"之列，所选调研区域具有较强的代表性。此次调查共发放问卷 380 份，调查人员与受访者面谈，现场填写调查问卷。对问卷进行认真审核后，本研究得到有效问卷 363 份，问卷有效率为 95.53%。有效样本的地区分布情况见表 1-4。

表 1-4　有效样本的地区分布情况

样本市	样本县（市、区）	有效样本量/户	比例/%
宜春市	丰城市	107	29.48
宜春市	樟树市	66	18.18
赣州市	南康区	50	13.77
赣州市	安远县	40	11.02
九江市	修水县	40	11.02
九江市	彭泽县	60	16.53
合计	—	363	100.00

三、技术路线

本书的技术路线图如图 1-8 所示。

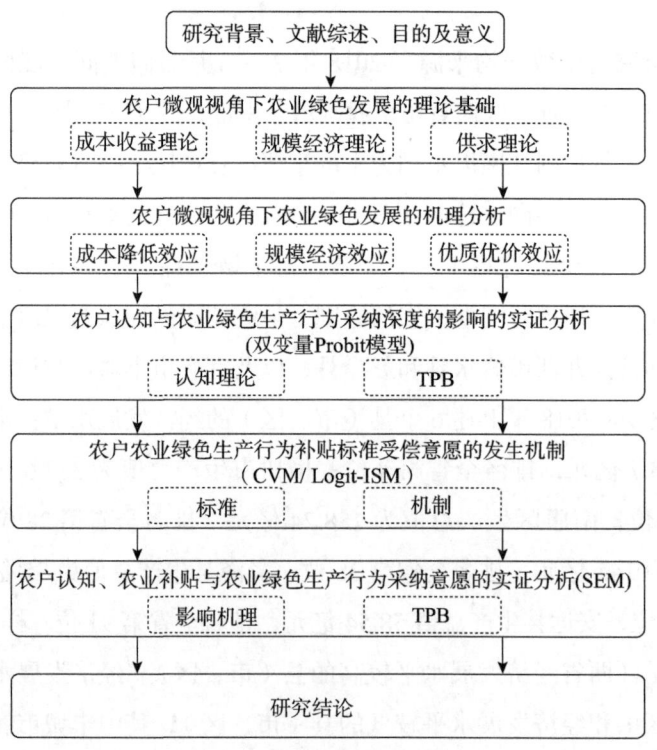

图 1-8　研究的技术路线图

本书的技术路线图主要是由七大板块构成，包括研究背景、文献综述、目的及意义、理论基础分析、作用机理分析、实证分析和研究结论。而实证分析主要包括三项内容，即农户认知对农业绿色发展影响的实证分析、农户绿色生产行为采纳意愿的实证分析，以及农业补贴对农户农业绿色生产行为影响的实证分析。

第五节　本书结构及内容

本书主要包括七个章节，具体内容如下。

第一章，绪论。第一小节主要从国际和国内两种环境介绍本文研究的现实背景，并以舒尔茨的理论主张为主线阐述本文的理论研究背景；第二小节主要是国内外相关研究的文献综述和述评；第三小节主要分析本书的研究目的和研究意义；第四小节主要分析本书的研究方法；第五小节主要介绍本书实证部分的数据来源；第六小节主要分析本书的技术路线；第七小节主要介绍本书的篇章结构和内容安排；第八小节主要分析本书的可能创新点。

第二章，相关概念界定和理论基础。第一小节主要界定农业绿色发展、农户农业绿色生产行为及农业补贴政策的概念和内涵，并厘清农业绿色发展与一些相关概念的联系与区别；第二小节主要分析农户微观视角下农业绿色发展的基础理论和理论基础，以及农业绿色发展理论、农户农业绿色生产行为理论和农业补贴理论；第三小节主要提出了全书的理论假设，主要包括"理性经济人"异质性假设和"绿色要素"边际效用递增假设。

第三章，农户微观视角下农业绿色发展的机理分析。第一小节主要阐述问题的提出；第二小节主要分析农业绿色发展的体制机制障碍，包括政策扭曲和市场失灵；第三小节主要从内部因素和外部条件两方面分析农户农业绿色生产行为采纳的动因；第四小节主要分析农户农业绿色生产行为的过程机理，包括采用绿色农业科技的降低成本效应、适度规模经济的规模经济效应、绿色农产品的收益预期效应，以及种植灵活性和生物多样性；第五小节是对本章内容的小结。

第四章，农户对农业绿色发展的认知与农业绿色生产行为采纳深度的影响因素分析。第一小节主要介绍研究背景；第二小节主要分析本章的概念界定、研究假说、模型构建和样本的基本特征；第三小节主要就稻农对农业绿色发展的认知与采纳深层次农业绿色生产行为影响因素的实证结果进行分析；第四小节主要分析本章实证研究结果的结论和政策启示。

第五章，农户有机肥替代化肥农业补贴标准受偿意愿的发生机制分析。第一小节主要介绍研究背景；第二小节主要分析本章的核心概念界定和研究假设；第三小节主要分析研究方法和变量说明；第四小节主要分析估计结果和讨论；第五小节分析研究结论和政策启示。

第六章，农户认知、农业补贴与农户农业绿色生产行为采纳意愿的实证分析。第一小节主要介绍研究背景；第二小节主要分析本章研究框架、研究假设与方法选择；第三小节主要分析变量选择与数据的信度、效度检验；第四小节主要就水稻种植农户农业绿色生产行为采纳意愿的影响因素进行分析；第五小节是本章实证研究结果的结论和政策启示。

第七章，研究结论和政策建议。第一小节分析全文的研究结论；第二小节主要分析全文的政策启示；第三小节分析本文研究的不足之处和未来研究的可能点。

第六节　可能的创新点

第一，视角创新。本书基于我国农业面临的严峻资源环境形势的独特情境，依托"政策扭曲+市场失灵—农业水、土资源短缺与污染、农业面源污染、生态系统破坏、农产品质量下降—农业绿色转型—农业补贴—农户农业绿色生产行为—农业绿色发展"逻辑展开对农业绿色转型成因及治理的研究，从农户认知、意愿和行为的微观视角展开全面的分析探讨，从成本收益理论明确农业补贴促进农户农业绿色发展的过程机理。

第二，理论创新。本书基于成本收益理论解析农户农业绿色生产行为的内在逻辑和作用路径，以及农业绿色发展理论、农户行为理论和农业补贴理论对农户微观视角下农业绿色发展的理论基础进行系统的梳理，为未来有关农户微观视角下农业绿色发展的研究奠定基础。

第三，应用创新。本书依托农户微观视角下农业绿色发展机制的降低成本效应、规模经济效应和绿色农产品优质优价效应的框架，提出农业补贴绿色生态化改革促进农业绿色发展的政策建议；利用农户调研数据，采用双变量 Probit 模型分析农户认知和行为采纳的影响因素和对农业绿色发展的影响、作用方向和作用强度及二者之间的关系；采用条件价值评估法、有序 Logit-ISM 模型分析农户有机肥替代化肥农业补贴受偿意愿及影响因素以及作用路径、方向和强度；应用结构方程模型验证农业补贴对农户农业绿色生产行为的作用路径、方向和强度。

第四，实践创新。确定政策制定者如何进行干预以提高农户农业绿色生产行为的采纳意愿。农户作为农业绿色发展的重要主体，其行为意愿直接决定农业绿色发展的进程。农业补贴作为一项重要的激励政策，如何对其改革以实现对农户农业绿色生产行为的激励，从而达到农业绿色发展的目的仍然需要进行进一步的研究。

第二章

相关概念界定和理论基础

本章首先详细介绍了本书涉及的几个重要的概念：绿色农业、农业绿色发展、农户农业绿色生产行为及农业补贴；其次介绍了农户微观视角下农业绿色发展的理论基础；最后提出本书研究的两个基本假设："理性经济人"异质性假设和"绿色要素"边际效用递增假设。

第一节 相关概念界定

一、绿色农业概念界定和内涵

（一）绿色农业的概念

2003年10月27—31日，联合国亚太地区绿色食品与有机农业市场通道建设国际研讨会在我国河南省长垣县召开，在此次会议上首次正式提出了"绿色农业"的概念。但是，到目前为止，"绿色农业"尚没有形成统一的概念界定。知名专家刘连馥给绿色农业下的定义：充分运用当代的先进科学技术、装备和农业管理经验，以促进农产品安全、生态安全、资源安全和提高农业综合经济效益的协调统一为目标，以标准化农业生产为手段，推动人类社会和经济全面、协调、可持续发展的农业模式（刘连馥，2009；王德胜，2016）。这一定义获得了较高的认可度。此外，中国农业大学白瑛教授认为，绿色农业指的是，"以维护和建设产地优良生态环境为基础，以产出安全、优质产品和保障环境为目标，达到人与自然协调，实现生态环境效益、经济效益和社会效益相互促进的农、林、牧、渔、工（加工）综合发展的标准化生产的新型农业生产模式"（彭方有等，2014）。陆庆光这样描述"绿色农业"的内涵：以现代科学技术为指导，以实现可持续发展为原则，以保护生态环境和提高营养水平为目标，结合不同地区和国家特别是发展中国家实际，适应经济全球化趋势，以生产安全优质农产品（绿色农产品）为主要标志的泛农业发展体系（张正斌等，2010）。黑龙江绿色食品协会高级农经师钟雨亭认为，绿色农业不是传统农业的回归，也不是对生态农业、有机农业、自然农业等各种类型农业的否定，而是抛弃各类农业的种种弊端，取长补短，内涵丰富的一种新型农业。

（二）绿色农业的内涵

对于"绿色农业"的内涵我国许多专家、学者均做过积极的探索。总结起来，可以将绿色农业的内涵归纳为以下五个方面。

第一，良好的生态环境是绿色农业和绿色食品的基础。千百年来，人类享受着地球提供的良好气候、新鲜的空气、干净的水和肥沃的土壤，人类在大自然的眷顾中繁衍生息。但是，由于人口不断增长、经济持续发展，自然资源被过度使用、环境被严重污染，在反馈规律的影响下，人类又承受了所有的这些负面影响带来的后果。这些负面影响以环境综合征、"文明病"等形式折磨着人类。因此，人们开始关注食品安全、关注生态环境健康，支持绿色农产品，并以实际行动保护生态环境，绿色农业及其最终产品——绿色食品，得到广大消费者的认同，自然而然成为新时代背景下的必然产物。

第二，绿色农业应是受到保护的农业。绿色农业是弱质产业，需要支持。绿色食品作为绿色农业的特殊产品，对产地环境、生产资料投入品的使用、生产技术操作规程等都有极其严格的质量标准。绿色食品的生产从源头的选种、培育、农药、化肥和饲料等投入都比工业产品更容易受到外界的影响，需要得到更多的保护。

第三，绿色农业是传统农业与现代农业的有机结合。绿色农业的目标是多方面的、全面的，既强调高产也强调稳产和高效。在实践过程中，绿色农业要求增加劳动力的投入，增加科学技术、信息和人才的投入，减少化肥、农药等化学投入品的投入。这些都是在传统农业和现代农业的发展过程中扬长避短、取其精华最终探索出来的。传统农业的典型特点是自给自足，产出低、收益低、劳动生产率低，但节约资源、能源，并且不会造成环境污染。现代农业通过增加化肥、农药、机械等现代要素的投入，具有高产出和高污染并存的特征，是不可持续的农业发展模式。绿色农业是农业发展经历过传统农业和现代农业的历史必然。

第四，绿色农业应是多元结合的综合性大农业。绿色农业包含第一、第二、第三产业。其中，农、林、牧、渔是绿色农业的基本主体，生产、加工、销售、品牌和运输等是绿色农业的外延。此外，绿色农业的观光旅游功能、生态服务功能等，极大地拓展了绿色农业的价值链，充分实现了农业的价值。

第五，绿色农业应是贫困地区脱贫致富的有效途径。一般而言，贫困地区因为现代化开发较少，因此生态环境等自然资源受到的影响较小，表现为贫困地区的水质优良、土壤肥沃、空气清新、物种丰富等，同时伴随着经济落后、农民贫困等现实问题。绿色农业，通过科学地规划能够有效地发挥贫困地区的资源优势，同时对环境的影响最低，帮助贫困地区既实现经济上的脱贫又不损害发展的可持续性，有利于振兴区域经济的发展。

与其他农业相比，绿色农业具有开放性、持续性、高效性和标准化的鲜明特征。绿色农业的开放性指的是绿色农业充分利用科技发展的一切优秀成果，充分依靠现代化的科学技术，通过合理配置物资投入来实现较高的生产能力，同时满足人类对优质、健康、安全的农产品的数量和质量的需求。绿色农业的持续性指的是在绿色农业生产经营过程中，绿色农业不仅强调合理使用工业投入品，而且注重利用农业生态系统中动物、植物和微生物之间的物质和能量转移，同时强调充分合理利用自然资源，保护农业生态环境，以确保绿色农业的可持续发展。绿色农业的高效性指的是绿色农业的最终产品——绿色农产品，能够满足人类对优质、高产、安全、生态的要求。与此同时，绿色农业的延伸产业，包括绿色农产品加工业、国际贸易等，都能与国际接轨。绿色农业的标准化指的是绿色农业的生产、经营、管理过程都按照严格的高标准进行，生产的最终绿色农产品也达到消费者的高要求。此外，高标准的绿色农业及其最终产品还有助于提升国际竞争力。

二、农业绿色发展的概念和内涵

（一）农业绿色发展的概念

目前，农业绿色发展的概念尚未有一致的意见，但有很多类似的概念，如绿色经济、绿色增长、循环经济和绿色农业等。通过梳理相关的文献发现，在内容上，农业绿色发展指的是以农业发展为核心，兼顾经济、社会和生态三大内容，追求实现经济效益、社会效益和生态效益的协调和统一；在观念上，农业绿色发展的观念是可持续发展，因此要求农业资源的可持续供给、农业环境污染在农业生态环境系统的阈值内、人们对农业绿色发展具有清晰明确的认知、传统的以资源和环境换取经济发展的方式必须得到根本性扭转；在目标上，农业绿色发展就是要对传统农业进行绿色化改造，改造为节约资源、保护环境，生产高品质、绿色、健康农产品的农业，就是要更科学地处理好人口、资源、环境与经济发展之间的关系，把原有的无机农业系统改造为相互影响、相互促进的有机农业系统（王秀峰，2006）。

综合起来，本书认为，农业绿色发展指的是以发展为核心，以农用资源的永续利用和良好的生态环境为主要标志，以科技创新为依托，生产既要满足当代人需要的绿色农产品，又要考虑未来发展的需要的农业发展方式。

（二）农业绿色发展的内涵

基于中国所处的发展阶段和经济、社会、自然环境的特点，农业绿色发展的内涵已经得到一致认可（吴旭晓，2017），主要包括更加注重资源节约、更加注重环境友好、更加注重生态保育以及更加注重产品质量。

更加注重资源节约是农业绿色发展的基本特征。这是由于我国长期以来的农业发展模式：依靠化学投入品的高投入、过度消耗自然资源、过度开发自然资源而导致的。农业绿色发展，要求从根本上扭转这种不可持续的发展模式，强调依靠科学技术创新和劳动者素质提升，通过提高土地产出率、资源利用率和劳动生产率，实现以最低和最少的农业投入，达到最优最大的效益。

更加注重环境友好是农业绿色发展的内在属性。农业和环境联系最为紧密：稻田、菜园和果园都是生态环境的重要组成部分。近年来，我国农业快速发展，与此同时，农业生态环境也亮起了"红灯"。农业绿色发展强调通过利用绿色生产技术，减少农业对生态环境的威胁和破坏，通过加强对农业生态环境突出问题的治理，让农业走上绿色发展的道路。

更加注重生态保护是农业绿色发展的根本要求。长期以来，我国农业生产方式粗放，往往是高投入、高消耗、高产出与高污染并存，经年积累，已经造成农业生态系统的结构失衡和功能退化。农业绿色发展，要求加快推进生态农业建设，培育新型的、循环的、高科技的、可持续的农业发展模式，使农业绿色发展成为美丽中国的生态支撑。

更加注重产品质量是农业绿色发展的重要目标。当前，我国农产品供给的突出特点是"大路货"多，优质、优价、品牌化的农产品供给还不是很多，这就导致市场供需的矛盾。一方面，城乡居民快速增长的经济收入使优质、健康、安全的农产品的需求大增，而市场上供给的这类农产品却不多。另一方面供给跟不上需求的矛盾会随着居民生活水平的提高而愈演愈烈。习近平总书记曾强调，推进农业供给侧结构性改革，要把增加绿色优质农产品供给放在突出位置。农业绿色发展，就是要满足城乡居民对优质、安全和特色农产品的需求，将农产品的供给由主要满足"量"的需求转变到更加注重"质"的需求。

三、农业绿色发展与绿色农业的关系

绿色农业和农业绿色发展是两个本质上具有区别却又存在广泛联系的概念。在理论研究和实践应用当中，均没有对两者进行详细的区分，因此也影响了二者的理论研究和现实应用。本书基于两者的概念和内涵，对绿色农业和农业绿色发展之间的关系进行了梳理。

（一）农业绿色发展与绿色农业的联系

首先，经济、环境和社会是农业绿色发展与绿色农业的共同内容。农业绿色发展与绿色农业的研究对象都是农业，均包含经济、环境和社会三个方面，两者均追求农业的经济效益、生态效益和社会效益的平衡发展。

其次，可持续性是农业绿色发展与绿色农业共同坚持的观念。农业绿色发展与绿色农业均强调保持农业自然资源的数量和农业生态环境的容量，确保经济社会发展对农业自然资源和生态环境的需求得到满足。与此同时，两者均要求提高人们对农业发展的认识水平，要求转变不可持续的农业生产经营方式为符合长期经济增长的现代化、可持续农业发展模式。

最后，对传统农业实现可持续农业改造是农业绿色发展与绿色农业的共同目标。农业绿色发展与绿色农业均要求科学地处理好人口、资源、环境与经济发展之间的关系，通过改造，把传统农业、传统的现代化农业改造为经济、社会和生态相互协调和促进的可持续农业系统。

（二）农业绿色发展与绿色农业的区别

首先，农业绿色发展和绿色农业所处的状态有区别。农业绿色发展指的是农业的过程状态，表示农业从原来的非绿色状态向绿色状态发展的过程，或者农业发展处于绿色发展的过程中的状态。绿色农业指的是农业发展的最终目标水平，它代表着农业在经过绿色发展历程后，成功达到了一种理想的、高度绿色化的状态。

其次，农业绿色发展和绿色农业的手段和目的的区别。农业绿色发展是实现绿色农业的手段，而绿色农业是农业绿色发展要达到的最终目标。

最后，农业绿色发展和绿色农业的侧重点不同。农业绿色发展关注的是农业的发展，而且是可持续发展，强调转变原有的不可持续的发展方式为可持续的发展方式；而绿色农业的关注重点在绿色，强调从源头的生产经营过程到最终的产品都是可持续的。

四、农户农业绿色生产行为界定

农户农业绿色生产行为指的是采用绿色农业科技，节约和高效利用水资源，不开拓脆弱土地发展种植业，不将原本用于公园、森林、草地及湿地的土地转变成农业用地，不过量使用农药和化肥，不进行单一作物种植，采用轮作的耕作方式等节约资源、环境友好、生态保育和注重农产品品质的农业生产行为（沈晓艳等，2017）。查阅相关文献，结合预调研的结果，将出现频率较高且农户采用频率较高的农户农业绿色生产行为归纳如下：施用农家肥/有机肥/生物肥，减少化肥使用量；秸秆还田/作燃料/基料/饲料/肥料/出售；节水灌溉；减少农药使用量；采用保护性耕作技术（如少耕/免耕/适度深松耕）；人工除草；粮豆/宽窄行轮作；测土配方施肥；残膜回收及其他。

五、农业补贴政策的定义和内涵

（一）农业补贴政策的含义

农业补贴指的是政府为了发展农业，对农业进行保护、支持而提出的政策，本质是对农民、农业企业进行的转移支付（陈慧萍等，2010）。农业补贴的手段主要是财政手段。补贴的主要是农业生产、流通和贸易等环节。我国农业补贴政策包含多项具体的政策，本书只研究粮食直接补贴、良种补贴、农资综合补贴和农机具购置补贴政策（简称"四项补贴"）。具体而言，粮食直接补贴指的是国家按照一定标准直接发放给种粮农民补贴的政策；良种补贴指的是政府对特定区域内、购买国家规定的优质良种的农民，采取现金直接补贴或售价折扣补贴的政策；农资综合补贴指的是由于成品油价格调整及化肥、农药和农膜等农业生产资料的使用，导致种粮农业生产投入增加，国家为减轻农民的增支负担而给予种粮农民直接补贴的政策；农机具购置补贴指的是国家对购买指定目录范围内农机的农户给予一定标准或额度的价格减免，以差价购机方式补贴的政策（王许沁等，2018）。2016年，由农业部印发的《关于全面推开农业"三项补贴"改革工作的通知》将种粮农民直接补贴、良种补贴和农资综合补贴合并为农业支持保护补贴，也称"三项补贴"。同年，《建立以绿色生态为导向的农业补贴制度改革方案》提出农业补贴政策绿色生态化导向。2018年，我国农业补贴政策共8大类37个项目。其中，农业支持保护补贴、秸秆综合利用补贴、重金属污染治理补贴、畜禽粪污资源化利用补贴、粮豆轮作补贴、地膜清洁生产补贴、农机具购置补贴、深松作业补贴和草原生态补贴直接以绿色生态为导向，与农业绿色发展密切相关，见表2-1。

表 2-1　2018 年农业补贴绿色生态化导向

项目	内容
重金属污染治理补贴	湖南省省长株潭地区有 170 万亩的耕地将要重点进行治理，国家也会给予补贴
秸秆综合利用补贴	京津冀与东北地区等 9 个省份将开展农作物秸秆综合利用试点，实施秸秆还田，并且农民还可以拿到 25 元 / 亩的补贴，山西省 70 元 / 亩
畜禽粪污资源化利用补贴	国家会以奶牛、生猪和肉牛养殖县为重点，开展畜禽粪污资源化综合利用的试点，所包括的县城共有 51 个，补贴金额因地而异
粮豆轮作补贴	补贴粮豆的面积将会达到 1 000 万亩，粮改饲的试点县将会扩大到 430 多个，面积将达 1 100 万亩；在"镰刀湾"区域，如果农民将玉米改种为大豆，可以获得每亩 100 元～150 元的补贴
地膜清洁生产补贴	国家将在甘肃、内蒙古和新疆地区的 100 多个县城推动地膜的清洁生产，并开展残留地膜的回收，国家也会给予相应的补贴
农业支持保护补贴	补偿耕地的地力
草原生态保护补贴	提高禁牧和草畜平衡的补贴标准，具体方式为：环境恶劣地区的禁牧补贴每 5 年为一个周期，每年每亩地的补贴金额是 7.5 元，草牧平衡为 2.5 元 / 亩
农机购置补贴	主要对深松整地、节水灌溉、秸秆还田离田等绿色发展农机具进行补贴，补贴金额不能超过市场平均价格的 30%，单机补贴额度不能超过 5 万元
深松作业补贴	主要以东北、华北为重要试点，通过作业补贴完成了 1.5 亿亩深松整地，有利于耕地的保护和利用。深松作业补贴金额按照补贴金额和种植面积平均计算，但因地区的不同，补贴金额也有所差别

本书主要研究农业支持保护补贴和农机购置补贴对农户农业绿色生产行为的影响。

（二）农业补贴的分类

国际上都遵循的农业补贴规范是世界贸易组织（WTO）《农业协议》（Agreement on Agriculture）规定的相关准则。根据 WTO 规则，可以将这些农业补贴规范划分为三类："绿箱政策""黄箱政策"和"蓝箱政策"（程百川，2016；范宝学，2011）。"绿箱政策"是指对贸易扭曲最小、对生产影响很小的补贴措施。该类补贴措施可免除 WTO 的削减义务。我国的粮食直接补贴属于绿箱补贴。"黄箱政策"是指政府对农产品的直接价格干预和补贴，会扭曲农产品贸易。WTO 规定成员国承担约束和削减的义务，我国的良种补贴、农资综合补贴和农机具购置补贴均属于黄箱补贴。按照WTO《农业协议》，我国黄箱补贴必须遵循特定产品补贴不得超过该产品产值的8.5%，非特定产品黄箱补贴不得超过农业总产值的8.5%的规则。黄箱补贴对农产品价格的扭曲被认为是农民粗放式经营的主要原因，因而2014年以来推动的新一轮农产品价格改革，强调"市场化定价、价补分离"的原则。绿箱政策的基本思路与其一致。不过，从具体操作看，按照绿色生态要求取得的补贴，要比获得黄箱政策难度大得多（邢娇阳等，2013）。也就是说，绿色生态补贴对农业经营主体的引导，其力度很可能不及之前的价格补贴。农业经济专家、南京审计大学教授徐振宇表示，此次《建立以绿色生态为导向的农业补贴制度改革方案》的大方向是推动农业转型升级，但具体成效还有待观察。"蓝箱补贴"指的是一些与农产品限产计划有关的补贴政策，如休耕补贴。WTO《农业协议》规定，该类补贴措施不受约束，也无须承担削减义务。OECD根据农业补贴是否与农业生产挂钩，将农业补贴分为挂钩补贴和脱钩补贴两类。在我国的"四项补贴"中，粮食直接补贴属于脱钩补贴；而良种补贴、农资综合补贴和农机具购置补贴均属于挂钩补贴（程国强等，2012）。"四项补贴"的分类见表2-2。

表2-2 我国"四项补贴"的分类

中国农业补贴政策项目	WTO《农业协议》分类	OECD分类
良种补贴	黄箱	挂钩补贴
粮食直接补贴	绿箱	脱钩补贴
农资综合补贴	黄箱	挂钩补贴
农机具购置补贴	黄箱	挂钩补贴

（三）农业补贴的依据和标准

2004年，财政部发布的《实行对种粮农民直接补贴，调整粮食风险基金使用范围的实施意见》指出，粮食直接补贴按照计税面积、计税常产、实际种植面积、第二轮土地承包面积或农户出售商品粮的数量的方式进行补贴，各地补贴标准差异较大，2014年的补贴范围在75～487.5元/hm^2。良种补贴按照现金或采取售价折扣补贴的方式进行，2014年的补贴标准为150～225元/hm^2。农资综合补贴按照第二轮土地承包面积、计税面积、计税常产、实际种植面积、或者种植面积和生产技术结合的方式进行补贴，2014年的补贴标准为532.5～1 665元/hm²。农机购置补贴实行差价购机，全国总体上继续执行30%的补贴比例，目前被列为补贴对象的农机包括15大类42个小类137个品目，补贴标准为不超过农机具价格的30%（熊冬洋，2017；侯石安等，2016）。

（四）农业补贴的演变逻辑——基于中央"一号文件"的视角

1. 农业补贴名称的演变

通过对1982—1986年、2004—2018年的中央"一号文件"❶（以下简称"一号文件"）的整理可以看出，我国农业补贴名称经历了两个主要阶段，即不直接称呼农业补贴和直接称呼农业补贴的两个阶段，前者涵盖两个时期，后者则包含三个时期，详情可见表2-3。1986年以前为第一个阶段，在这一阶段并不称为"农业补贴"。1982—1984年，"一号文件"使用的是粮食"统购统销"或"统购派购"补贴政策。1985年，"一号文件"决定取消粮食、棉花统购，改为合同订购。1986年，"一号文件"中首次使用"补贴"一词。2004年，国家在全国范围内全面推开粮食直接补贴、良种补贴和农机具购置补贴政策。2006年，国家推出农资综合补贴。粮食直接补贴、良种补贴、农机具购置补贴政策和农资综合补贴统称为"四项补贴"（黄汉权等，2016）。2016年，"一号文件"明确提出将种粮农民直接补贴、良种补贴和农资综合补贴合并为农业支持保护补贴，政策目标调整为重点支持耕地地力保护和粮食产能提升。2017年，"一号文件"称农业支持保护补贴为"三项补贴"。2018年，"一号文件"将"三项补贴"和农机具购置补贴统称为"农民直接补贴"。农业补贴名称的演变过程既可以反映我国农业补贴政策的发展变化情况，又可以反映党和国家对农业补贴认识的深化过程（张连刚等，2016）。

表2-3 农业补贴名称的演变过程

年份	农业补贴名称
1982—1984	统购统销；统购派购
1985—1986	合同订购；农用生产资料补贴

❶ 具体的1982—1986年、2004—2018年中央"一号文见"参见附录。

续表

年份	农业补贴名称
2004—2015	粮食直接补贴、良种补贴、农机具购置补贴、农资综合补贴
2016—2017	农业支持保护补贴（"三项补贴"）；农机购置补贴
2018	农民直接补贴

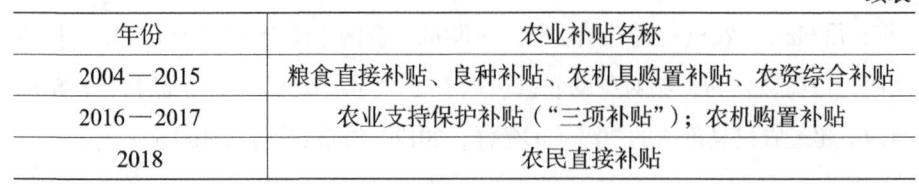

2. "一号文件"关于农业补贴目标的演变

农业补贴的目标直接关系到农业补贴政策的发展方向和发展趋势。通过整理 1982—1986 年、2004—2018 年的"一号文件"，可以对这一发展脉络有较清晰的认识。1982—1986 年，我国农业补贴政策的目标集中在保障农产品供给、支持国家建设上；2004—2010 年，"一号文件"关于农业补贴的政策目标聚焦在保障农产品供给、调动农民种粮的积极性上；2011 年，"一号文件"有关农业补贴的表述为大力发展节水灌溉，推广渠道防渗、管道输水、喷灌滴灌等技术，扩大节水、抗旱设备补贴范围，农业补贴目标向节约资源和保护农业环境转变；自 2012 年开始，"一号文件"有关农业补贴的目标开始稳定地向保护农业生态环境、保护耕地地力和绿色生态转变；2017 年，"一号文件"中农业补贴政策目标已明确转向绿色生态；2018 年，"一号文件"中农业补贴政策的目标直指农民增收和政策效能。"一号文件"关于农业补贴的表述见表 2-4。

表 2-4 "一号文件"关于农业补贴的表述

年份	"一号文件"有关农业补贴的表述	政策目标
1982	粮、棉、油等产品仍须坚持统购统销的政策	保障农产品供给；支持国家建设
1983	继续实行统购派购	保障农产品供给；支持国家建设
1984	粮食统购统销；允许由转入户为转出户提供一定数量的平价口粮	保障农产品供给；支持国家建设
1985	取消粮食、棉花统购，改为合同定购	保障农产品供给；支持国家建设
1986	粮食合同定购；农用生产资料的补贴；对有困难的小化肥厂减免税收	鼓励农民种粮积极性；保障农产品供给
2004	购置和更新大型农机具给予一定补贴；扩大良种补贴范围；对农民直补	调动农民种粮积极性；保障农产品供给

续表

年份	"一号文件"有关农业补贴的表述	政策目标
2005	"两减免、三补贴";良种补贴和农机具购置补贴;种粮农民直补;对短缺重点粮食品种最低收购价政策;化肥出厂限价政策;重大农业技术推广项目专项补贴	调动农民种粮积极性;保障农产品供给
2006	农业技术推广项目专项补贴;畜禽良种补贴;直接补贴;"三减免、三补贴"和退耕还林补贴;粮食主产区要将种粮直接补贴的资金规模提高到粮食风险基金的50%以上;良种补贴和农机具补贴	调动农民种粮积极性;保障农产品供给
2007	各地用于种粮农民直接补贴的资金要达到粮食风险基金的50%以上;良种补贴、农机具购置补贴、农业生产资料综合补贴;增加测土配方施肥补贴;保护性耕作示范工程和土壤有机质提升补贴试点	调动农民种粮积极性;保障农产品供给
2008	农民直补;粮食直补、良种补贴、农机具购置补贴和农资综合直补;增加农机具购置补贴种类,提高补贴标准,将农机具购置补贴覆盖到所有农业县	调动农民种粮积极性;保障农产品供给
2009	增加补贴资金;种粮农民直接补贴;良种补贴范围;大规模增加农机具购置补贴;农资综合补贴;逐步加大对专业大户、家庭农场种粮补贴力度	调动农民种粮积极性;保障农产品供给
2010	种粮农民直接补贴,良种补贴,启动青稞良种补贴,实施花生良种补贴试点;农机具购置补贴;农资综合补贴	调动农民种粮积极性;保障农产品供给
2011	大力发展节水灌溉,推广渠道防渗、管道输水、喷灌滴灌等技术,扩大节水、抗旱设备补贴范围	节约资源;保护生态环境
2012	继续加大农业补贴强度;种粮农民直补;农资综合补贴动态调整机制;加大良种补贴力度;扩大农机具购置补贴规模和范围;探索完善森林、草原、水土保持等生态补偿制度	调动农民种粮积极性;保障农产品供给;保护生态环境
2013	强化农业补贴政策;种粮农民直补、良种补贴,农机具购置补贴;完善农资综合补贴动态调整机制;逐步扩大种粮大户补贴试点范围;农业防灾减灾稳产增产关键技术补助和土壤有机质提升补助	调动农民种粮积极性;保障农产品供给;保护生态环境
2014	改进农业补贴试点试验;种粮农民直补、良种补贴、农资综合补贴;对生产者补贴试点;农机购置补贴力度;畜牧良种补贴政策	调动农民种粮积极性;保障农产品供给;
2015	逐步扩大"绿箱"支持政策;调整改进"黄箱"支持政策;种粮农民直接补贴、良种补贴、农机具购置补贴、农资综合补贴;完善农机具购置补贴政策,向主产区和新型农业经营主体倾斜	促进农民增收;绿色生态化补贴改革

续表

年份	"一号文件"有关农业补贴的表述	政策目标
2016	节水奖励和精准补贴机制；玉米生产者补贴制度；种粮农民直接补贴、良种补贴、农资综合补贴合并为农业支持保护补贴，重点支持耕地地力保护和粮食产能提升；完善农机购置补贴政策	资源节约；耕地地力保护
2017	进一步提高农业补贴政策的指向性和精准性，重点补主产区、适度规模经营、农民收入、绿色生态；深入推进农业"三项补贴"制度改革；完善农机购置补贴政策，加大对粮棉油糖和饲草料生产全程机械化所需机具的补贴力度	适度规模经营；农民收入；绿色生态
2018	严厉整治惠农补贴侵害农民利益的不正之风和腐败问题；落实和完善对农民直接补贴制度，提高补贴效能	农民增收；补贴效能

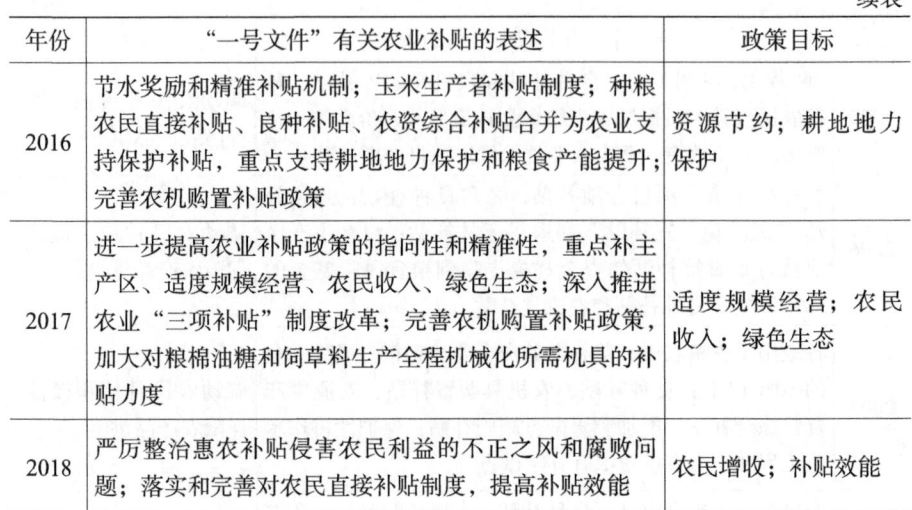

3. "一号文件"关于农业补贴政策的关注重点

（1）农业补贴政策的连续性和稳定性

1982—1984年，"一号文件"强调坚持统购统销的补贴政策；1985—1986年，"一号文件"决定取消统购统销补贴政策并实行合同订购补贴政策，并且说明要不断改进合同订购补贴的方法；2004—2018年，"一号文件"均使用的是"农业补贴"一词，并且在围绕农民增收、保障粮食供给方面对农业补贴政策均有专门、详细的表述，内容主要涉及农业机械补贴、良种补贴、粮食直接补贴和农资综合补贴。"一号文件"对农业补贴持续的关注，说明这个问题十分重要，也说明完善农业补贴政策不容易，需要不断探索，是一个循序渐进的过程。与国外农业补贴发展相比，我国农业补贴起步较晚，在实践中积累的经验较少，加上我国加入世界贸易组织的时间较短，我国农业补贴的体系还不完善、规模也较小。因此，我国需要加快构建完善的农业补贴政策体系，继续加大农业补贴的支持力度。

（2）农业补贴政策的普惠性和精准性

1982—1984年的"一号文件"对粮、棉、油等农产品实行"统购统销"，属于普惠性补贴；1985—1986年的合同订购补贴是统购统销的升级版，也属于普惠性补贴；2004—2015年的粮食直接补贴和2006—2015年的农资综合补贴均属于普惠性补贴，2004—2015年的良种补贴和2004—

2018年的农机具购置补贴均是专项直接补贴,也属于普惠性补贴。2016年,"一号文件"指出,为了提高农业补贴政策的指向性和精准性,将种粮农民直接补贴、良种补贴、农资综合补贴合并为农业支持保护补贴。2017年,"一号文件"强调重点补贴主产区、适度规模经营、农民收入、绿色生态,进一步提高了农业补贴政策的指向性和精准性。由此可见,我国农业补贴政策由普惠性向精准性转变。

(3)农业补贴范围的扩大与延伸

1982—1985年,"一号文件"中农业补贴针对的是粮、棉、油等农副产品。1986年,"一号文件"将补贴范围扩大到农业生产资料补贴,对有困难的小化肥厂减免税收,对签订合同的农民按照平价供应一定数量的化肥。2004—2006年,"一号文件"提出对粮食直接补贴、良种补贴和农机具购置补贴进行先行试点工作,然后在全国范围内展开。2007年,"一号文件"指出要加大对农业生产资料和测土配方施肥的补贴力度。2008年,"一号文件"指出要扩大良种补贴范围,调高农机具购置补贴的补贴种类、补贴标准和补贴覆盖范围。2009年,"一号文件"指出要扩大农业补贴的覆盖范围,力争实现水稻、小麦、玉米和棉花的全覆盖,以及油菜和大豆的进一步覆盖范围,进一步增加农机具购置补贴的种类和范围。2010年,"一号文件"继续加大农业补贴范围,并明确指出对马铃薯、青稞良种、花生良种及农机具加大补贴。2011年,"一号文件"扩大节水、抗旱设备补贴范围。2012年,"一号文件"进一步扩大农机具购置补贴规模和范围。2013年,"一号文件"指出逐步扩大种粮大户补贴试点范围,启动低毒、低残留农药和高效缓释肥料使用补助试点工作。2014年,"一号文件"指出新增补贴向粮食等重要农产品、新型农业经营主体、主产区倾斜,加大农机购置补贴力度。2015年,"一号文件"指出,要逐步扩大"绿箱"支持政策实施范围和规模,扩大节水排灌设备购置补贴范围。2016年,"一号文件"明确建立节水奖励和精准补贴机制、建立玉米生产者补贴制度、重点支持耕地地力保护和粮食产能提升。2017年,"一号文件"指出,进一步提高农业补贴政策的指向性和精准性,重点补贴主产区、适度规模经营、农民收入、绿色生态,加大对粮棉油糖和饲草料生产全程机械化所需机具的补贴力度。2018年,"一号文件"提出将农业补贴落实到农民手中,扭转农业补贴被侵占的不正之风和腐败问题，提高农业补贴的效能。可以看出，国家对农业补贴的认识越来越全面、科学，农业补贴的范围向农业多功能性覆盖。

（4）农业补贴由分项补贴向单项补贴的转变

我国的农业补贴政策属于分项补贴。我国农业的发展史已经说明这些惠农补贴政策对保障我国粮食安全和农民增收起到了促进作用。1982—1986年，"一号文件"对农业补贴的项目按照农产品品种和农业生产资料品种进行。2004—2015年，"一号文件"的补贴项目是按照良种种类、农机具种类、农业生产资料种类及粮食作物种类等进行分项补贴。2016年，"一号文件"指出，将种粮农民直接补贴、良种补贴、农资综合补贴合并为农业支持保护补贴。2017年，"一号文件"指出，深入推进农业"三项补贴"制度改革。但是，我国实行的是家庭联产承包责任制，全国农户数量多、户均耕地面积小、每个农户种植的农作物品种差异较大，分项补贴执行成本太高，需要将分项补贴合并成单项补贴，以提高补贴效率。2018年，"一号文件"针对性地提出提高农业补贴的政策效能就是对这些问题的洞见。

（5）农业补贴的未来转变方向

进一步增加补贴力度和扩大补贴范围。首先，继续实行良种补贴、粮食直补、农机购置补贴和农资综合补贴等农业补贴项目，并以此为基础，增设农业专项补贴项目。其次，改变传统的自上而下的补贴标准计算方法。我国农业补贴标准是根据当年的财政预算确定的，2014年我国农业"四项补贴"资金共计1 673亿元，仅占当年国内生产总值的1.6%；而美国农业财政支出早在2000年就占到了联邦政府预算的4.2%。最后，积极探索全国统一的农业补贴管理体系，缩小粮食主产区和非粮食主产区补贴标准的差距。

加快构建精准补贴政策体系。一方面，针对将种粮农民直接补贴、良种补贴、农资综合补贴合并为农业支持保护补贴的改革，要继续深入推动下去；另一方面，通过增设农业专项直补政策，提高农业补贴政策的精准化程度，包括加大当前良种补贴和农机购置补贴的补贴力度，增设土地流转补贴、自然灾害补贴、改良增产补贴，以及农民培训补贴等政策。

扩大绿色生态补贴范围。首先，继续实行农业支持保护补贴、重金属污染治理补贴、秸秆综合利用补贴、畜禽粪污资源化利用补贴、粮豆轮作补贴、地膜清洁生产补贴、草原生态保护补贴、农机购置补贴和深松作业补贴。其次，增设农业环境补贴、农业技术推广补贴和休耕补贴等保护农业多功能性的补贴政策。

第二节 农户微观视角下农业绿色发展的理论基础

一、农业绿色发展理论

农业绿色发展在我国率先被提出，经过多年的发展，逐渐被世界各国所认同，认为农业绿色发展是一种全新的战略构思、模式和准则。但是，农业绿色发展的理论还不完善，农业绿色发展的概念尚未达成一致的意见，农业绿色发展的理论尚未形成一个系统。本书通过系统梳理，从经济增长、资源环境承载力、可持续发展等角度进行研究，得出内生增长理论、绿色增长理论、人口承载力理论、生态经济理论等基础理论，客观上为农业绿色发展提供了重要的理论依据。

（一）内生增长理论与农业绿色发展

1962年，肯尼斯·约瑟夫·阿罗（Kenneth J. Arrow）提出"干中学"思想，将技术进步内生化，首次给出了经济增长的来源。阿罗认为，经济增长的源泉是知识。这种知识来源于无意识生产经验的积累或有意识的教育投资。宇泽弘文（Hirofumi Uzawa，1965）和伊坦·谢辛斯基（Eytan Sheshinski，1967）几乎在同一时间发表了类似的观点。1986年，保罗·罗默（Paul M. Romer）挖掘亚当·斯密（Adam Smith）、阿林·扬（Allyn Young）、约瑟夫·熊彼特（Joseph A. Schumpeter）、阿罗等人的经济增长思想，重新思考新古典增长理论，开始探讨运用新的增长理论（内生增长理论）来解释经济增长。罗默认为，经济长期增长的决定性因素是无意识的知识积累或人力资本积累，这种知识的积累具有连续性、递增性。他提出的"完全竞争的内生增长模型"，彻底打破了新古典增长理论对要素边际收益递减的传统假设，认为知识具有边际报酬递增效应。正是由于知识的递增效应抵消了有形资本的递减效应，从而能够使经济系统维持增长。1988年，罗伯特·卢卡斯（Robert E. Lucas, Jr.）引入人力资本积累的概念，认为知识积累具有外部性，只有专业化的人力资本积累才是经济增长的真正源泉，将内生增长模型向前推进了一大步（Barro，1995；蔡昉，2013；李杰，2009）。

内生增长理论认为，经济的长期增长率是正的，知识和人力资本积累是收益递减不会发生的原因。该理论与农业绿色发展的核心观点一致，二者都强调发展，并且是长期、可持续发展；二者都强调这种可持续发展的源泉在于创新，科学技术进步和知识经验的积累是支撑农业绿色发展的最终动力；二者都注重长期的时间跨度，强调从长远的时间维度中实现发展。

（二）绿色增长理论与农业绿色发展

绿色增长理论最早可以追溯至马尔萨斯《人口原理》中提出的资源绝对稀缺论，该理论认为，资源是绝对稀缺的，人口的增加能力无限大于土地为人类提供生产和生活资料的能力，人类的未来是悲观的（武春友等，2017；李晨爽等，2016）。李嘉图虽然赞同人类应该重视经济发展过程中的资源环境问题，但是他认为资源是相对稀缺的，人类的未来是光明的。1848年，穆勒在其《政治经济学原理》中提出"稳态经济说"，肯定资源的稀缺性，但是认为生活环境的优劣也至关重要，而且地球的资源环境承受能力有其最大限度，如果不加以重视，将会制约人类的生存和发展（卢小丽等，2017；袁文华等，2017）。

该理论对农业绿色发展的理论支撑：自然资源不会枯竭；随着财富的积累和健康水平的提高，家庭的出生率会降低，进而导致人口增长减缓；当国家变得更加富裕，人们对优美环境质量的需求将会凸显，会采取措施遏制环境污染，进而使环境质量得到改善；科技是增长的决定性因素，因此增长是没有极限的。

（三）人口承载力理论与农业绿色发展

爱因斯坦的相对论、计算机及网络技术、人类对于地球存在极限的初步认识是20世纪人类三大重要发现（方时姣，2009）。人口承载力理论指的是理论上而言，地球可以承受的人口数量是存在一个极限值的，因此人类的人口数量不能无限制地增长，否则人类的发展是不可持续的。这个理论基于这样一种认识：每个人都需要一定的资源和空间来确保其衣食住行，但是，地球上的资源储量和环境容量是有限的，因此存在理论上的最大人口承载量（张洪潮等，2017）。这个理论得到大多数人的支持，但是在实际的计算中，不同学者对地球到底能承受多少人口并没有形成统一的认识。每位学者对地球资源的范围和数量及每个人消耗标准的理解不同。

人口承载力理论对农业绿色发展的支撑作用体现在以下两个方面：一是耕地的承载力。地球上的耕地资源数量是有限的，人类的过度开发会使耕地的质量呈现逐年下降的趋势，因此农业绿色发展要合理利用耕地数量，同时也要注意保护耕地质量。二是农村人口的承载力。农村人口整体而言是逐年减少的，而对农业生态环境和农产品的要求却是逐年增加的，因此要求农业绿色发展要平衡和协调好资源、环境、人口增长与社会发展之间的关系。

（四）生态经济理论与农业绿色发展

生态经济学理论认为，农业系统是生产系统、经济系统和生态系统相统一的系统，农业生产活动不仅需要考虑产出效益、经济效益最大化等经济目标，还需要考虑生产的可持续性、生态系统的健康和稳定等目标，并将这些目标结合起来，以实现生产、生态和经济平衡发展的目标（刘琳等，2013）。但是，农业生态系统与农业经济系统存在非常大的矛盾，而且很难调和。理论上而言，在农业生产过程中，人们需要平衡好农业生产系统、经济系统和生态系统之间的关系，实现三个系统产出的最大化，并且确保农业的可持续发展。但是，在实际的农业生产过程中，人们出于"成本—收益"的考虑，往往会选择以牺牲农业生态系统来促进农业生产系统和农业经济系统的发展（沈满洪，2009）。从生态经济学的理论来看，将产量、产值和经济价值作为农业发展的最终目标是不可取的，长期而言，这样的农业发展不可能持续下去（沈满洪，2006）。

此外，历史的发展也表明，农业自然资源和生态环境的变化已经阻碍农业的未来发展。农业总产出不断增加的背后隐藏着农产品供给结构不平衡、农产品品质影响人体健康等诸多问题。在气候变化的大背景下，农业发展将目标锁定在经济效益方面将严重受挫。必须对农业发展模式进行根本性调整，只有从自然资源、生态环境、经济发展和社会发展等各个方面着手，才能有利于农业的长久发展。

生态经济学家很早便意识到了这个问题，并且做了有益的探索，为农业绿色发展打下了坚实的理论根基。早在1971年，美国土壤学家威廉姆·奥伯特（William Albrech）就提出了"生态农业"（Ecological Agriculture）的概念。后在1981年，经由英国农学家凯利·沃辛顿（Michael Kelley Worthington）进一步完善，"生态农业"被这样定义："生态上能自我维持的、低输入的、经济上有生命力的，在环境、伦理和审美方面可接受的小型农业系统"（周冯琦，2016）。"生态农业"是"绿色农业"的前身，强调重视生态系统中的生物共生和物质循环，并在此基础上实现生态、经济和社会效益的统一。"绿色农业"比生态农业向前推进了一步，借鉴了国外替代农业的各种形式并注重结合各地的特点和特色，对农、林、牧、渔生产结构进行统筹、合理安排的农业发展模式。生态经济学理论为农业绿色发展奠定了坚实的理论基础，这种基础使农业绿色发展模式有别于西方国家所倡导的那种以低投入或绝对排斥农用化学品为首要特征的农业发展模式。

二、农户生产行为理论

（一）成本收益理论

经济学认为，人们采取某种经济行为的动机是预期该行为结果的收益大于成本。人们投入物质或钱财的主要动机是预期将来会收获更多的物质或者财富，进而获得收益。没有预期收益的投入是不存在的，即使存在这样的"不想要的收益"的投入也不能称为投入，因此也就不存在所谓的成本问题（彭小辉等，2018）。农民在市场经济中是非常理性的经济人。农户对农业投入劳动力、时间、化肥和农药等，其根本目的就是预期从农业的生产经营当中得到比他们投入成本更高的收益。只有当农户预期收益超过成本时，农户才会采取相应的行为。所以，农户在考虑采用某种农业生产行为时，首先要进行成本—收益分析。因此，在农业绿色发展过程中，农户只有预估采用农业绿色生产行为的预期收益大于投入成本时，他们才会采纳某一行为。

（二）规模经济理论

亚当·斯密是规模经济理论的创始人，他的规模经济理论在他的伟大的著作《国民财富的性质和原因的研究》中有明确的表述。亚当·斯密认为，分工使劳动生产获得最大的增进，分工使工人在劳动时表现出更大的熟练度、技巧和判断力，进而使一定规模的批量生产成为可能。斯密以制针厂为例进行了解释，他认为每个工人的劳动技巧和熟练程度都随着分工有了巨大的提高，节约了转换不同工作（序）而浪费的时间，从而提高了劳动生产率，并且促进了机器的发明和应用。分工进一步促进了规模化生产，进而更大程度上提高了劳动生产率。阿尔弗雷德·马歇尔（Alfred Marshall）、爱德华·哈斯丁·张伯伦（E.H. Chamberin）、琼·罗宾逊（Joan Robinson）、乔·斯塔滕·贝恩（J.S. Bain）及马歇尔继承和发展了斯密的分工理论，提出了规模经济理论。该理论指的是在一定时期内，随着产品生产量的增加，其边际成本下降，即扩大经营规模可以降低平均成本，从而提高利润水平（朱红兵等，2017）。

规模经济理论对农户农业绿色生产行为的指导是通过鼓励农户流转土地、扩大生产规模，以实现规模经济收益。其中，农业补贴政策的目标之一就是鼓励适度规模经营。

（三）供求理论

伴随着国民经济的快速发展，我国人民的生活水平和生活质量不断提高，进而导致对优质农产品的需求大量增加；但是，我国农业生产长期依靠化肥、农药的过度投入的生产方式，并没有随着经济水平的提高而发生根本性的转变，导致生产的农产品质量安全无法满足消费者的需求，因此形成了供给和需求不对称的矛盾性问题（周英男等，2017；周英男等，2016）。农户农业绿色生产行为有利于向市场提供优质的绿色农产品，但是，由于农业绿色生产的成本较高，农户往往在优质农产品能够切实获取优价回报的市场拉动下才会采取农业绿色生产行为。

三、农业补贴理论

（一）农业的外部性需要农业补贴

经济学中，外部性被定义为一个经济主体对另一个经济主体产生的不能通过市场价格得到正确反映的外部影响,外部性也常被称为外部成本或者外部效应(Externality)(赵旭强等,2012)。通常而言,外部性有正有负。正的外部性指的是一个主体经济体对另外一个客体经济体产生的正向影响,而这种正向的影响不会通过增加客体经济体的价格支付或者减少主体经济体的价格支付得到正确的反映。负的外部性指的是一个经济体受到另一个经济体行为的负向影响,但是这种负面的影响并不能通过减少受负向影响的经济主体的价格支付,或者增加这种负面影响行为主体的价格支付得到正确的反映。经济学家从不同的角度对外部性进行了定义,但是本质上是一致的,均表示某种经济活动能使他人得到附带的利益或使他人的利益受到损害,而受益人或受害人无须付出相应的报酬或无法得到赔偿的现象。

具体到农业而言,农业既具有正的外部性,也具有负的外部性。农业的正外部性主要表现在农业在实现经济价值过程中伴随的对环境、社会和经济发展等方面的正向影响。其中,环境方面的正的外部性表现为农作物生产过程中吸收二氧化碳、减少洪水的危害、增加生物多样性及形成农业景观等方面;社会方面的正的外部性表现为提供农业生产的就业机会、稳定社会、提供隐性的社会福利等方面;经济发展方面的正的外部性表现在为农村生活增添活力、促进城镇化过程的协调发展、缓解经济不平稳发展等方面。农业的负外部性表现为对农业水土资源、农村生态环境等方面。其中,农业水土资源方面的负的外部性表现为农业化学投入品的过量使用污染农业水土自然资源,而农村生态环境方面的负外部性表现为农业的过度开发造成的水土流失和野生动植物栖息地的丧失等方面(李秉龙,2009)。在没有特殊政策干预的情况下,农业的正外部性给社会、环境和经济发展带来的好处,不能很好地通过农产品的市场价格得到合理反映。与此同时,农业的负外部性给人类健康和可持续发展带来的负面影响,也不能通过农产品的价格得到合理反映。换言之,市场对农业的外部性是失灵的。在市场失灵的情况下,农户出于短期利益的考虑,不会主动采取有利于农业生态环境的行为。在这种情况下,经济学家认为,政府应该站出来引导农户的行为。农业补贴政策就是针对农户农业绿色生产行为产生的正外部性无法在市场上定价,同时农户的非农业绿色生产行为产生的负外部性也无法实现内部化的情形而制定的政策。

补贴生产者的环境成本降低了环境损害，提高了生产者对环境影响的意识，并支持更加环保的做法。

（二）农业的公共产品性需要农业补贴

经济学中定义的公共产品指的是具有非排他性和非竞争性的产品。非排他性指的是没有支付费用将无法享受某种产品的消费，但是难以找到合适的市场或者法规制度等合理地将这类免费享受的经济主体排除在对这一产品的消费之外。竞争性指的是对产品的消费是独立于其他经济体的，不会因为其他经济体消费得更多而使另一个经济体的消费减少。由于不同公共产品具有的非排他性和非竞争性的程度不同，常将公共产品分为纯公共产品和准公共产品。其中，同时具有非排他性和非竞争性的产品被认为是纯公共产品，而只具有非排他性和非竞争性中一个特征的产品被认为是准公共产品。农业的经济功能之外提供的产品或者服务都具有一定程度的非排他性或者非竞争性特征，属于公共产品（李秉龙，2009）。

具体而言，农业的非排他性是由于农业的正外部性给经济主体带来的好处，不仅包括农业生产者本身，还包括益于农业生产者以外的人。而这些享受农业正外部性好处的人，并不需要向提供这种正外部性的农业生产者支付任何费用。此外，农业生产者不能通过市场或者产权安排等方式将这些人排除在对这种正外部性的享受之外。同理，农业的非竞争性是由于农业的非商品产出对经济主体的普遍性影响。例如，农业提供的农业景观对社会全体成员是平等的，一个经济主体消费这种农业景观并不会减少其他经济主体对这种农业景观的消费。因此，农业的公共产品性需要政府介入，以引导经济主体实施对农业生态环境有利的行为，减少经济主体对农业生态环境的不利行为。农业补贴就是一项非常直接、有力地引导农户采纳农业绿色生产行为的政策。

（三）农业的弱质性需要农业补贴

与其他产业相比较，农业具有先天的弱质性。首先，城市化和工业化进程使土地价格用于非农产业远远高于农业，进而使农地不断流失，而地价的不断上涨加速了农地流失的步伐。其次，与工业和服务业相比，农业的投入大、周期长、回报少，使农业中的资金、技术和劳动力源源不断地流向非农产业，造成农业的资金短缺和高素质劳动力的缺乏，农业发展后劲不足；与其他非农产业相比，农业劳动生产率更低，主要原因是农业的科研周期长、农业技术进步相对缓慢、农业剩余劳动力的转移相对滞后；与非农产品相比较，农产品的价格弹性小、恩格尔定律的作用、农产品不耐储运等特点，使农业的贸易条件不断恶化，农民收入增长乏力，农民与非农业就业者的收入差距拉大。这说明农业具有天生的弱质性，要解决这些问题必须依靠政府对农业的保护。

（四）农业的不稳定性需要农业补贴

农业的不稳定性表现在农业生产、经营、加工和销售等整个农业生产链过程中。首先，就生产而言，农业是自然再生产与经济再生产的结合体，因此农业受自然条件的影响很大，而自然条件是变幻莫测的，也就导致农业生产的不稳定性。农产品的生产遵循自然规律，因此具有季节性和周期性，而且生产周期较长，生产不易调整，一旦自然环境发生重大的变化，农业生产将会遭受重大的影响。其次，就经营和销售而言，农业受宏观经济形势的影响更大。在农产品国际贸易过程中，农产品受到国际贸易组织和国际贸易规则等的约束，我国由于加入世界贸易组织较晚，而且国内农产品供给结构失衡，造成国内农产品贸易容易受到国际市场的冲击，并表现出较大的波动性。此外，当经济不景气时，劳动力市场受到冲击，农业剩余劳动力转移困难，农民收入减少；而在经济景气时，在比较利益的驱动下，又会出现大量农业剩余劳动力涌向非农产业，可能会出现耕地的撂荒现象。再次，由于土地等自然条件的限制和动植物本身生物学特性的制约，农产品的短期供给弹性比较小，但由于人们对农产品的需求是刚性的，价格对供给量的反应非常敏感；同时，农产品的需求弹性更小，难以实现农产品的市场供需均衡。当某些因素导致农产品的价格和产量出现一定程度的波动时，会产生蛛网效应。另外，农产品价格与供给间的互动关系还受动植物生理机能的影响。由于农业的生产周期较长，许多农民对价格的反应又具有滞后性，市场的自行调节难以使农产品的供给及时追随市场价格的变化，会造成农产品短缺和过剩效应的放大，使农业生产产生更大的波动。最后，农产品大多具有易腐性，不耐久藏且储藏费用高，所以收获后要立即出售，即使市场价格低廉也必须出清；反之，产品稀少时，虽然市价高，但本期内无多余库存供应市场，无法满足市场需求。因此，农产品一经产出，其供给就已确定。农业的不稳定性要求政府建立农业保护政策。

（五）佩尔兹曼效应支持农业补贴

佩尔兹曼效应是一种行为经济学理论，认为随着安全措施的增加，人们倾向承担更多的风险。农户农业绿色生产行为将要面对采用新的良种、添置新的机械设备、减少化肥和农药的使用量、增加绿肥（农家肥和有机肥）的使用、改良灌溉设施、采用测土配方施肥等新的农业生产方式，进而面临减产、增加成本等风险。在理性经济人假设的情况下，农户的风险偏好是风险厌恶型的，因此并不会主动采用农业绿色生产行为。在这种情况下，农业补贴可以降低农户的风险感知，鼓励农户采用农业绿色生产行为。

第三节 理论假设

一、"理性经济人"异质性假设

农民是理性的，在经济活动中是理性的经济人，他们在从事农业活动的时候，具有极强的进取精神，非常有效率，并且会综合考虑成本、收益及风险，并通过最大限度地利用现有的资源和可得的机会攫取最大的利润（赵秀君等，2019；屈志光等，2013）。农民注意到了农业生产过程中农业生态资源和农业生态环境的重要作用，但是由于历史原因，我国农民的经济状况普遍比较差，与城市居民的收入水平和生活水平差距较大，农民迫切希望增加农业产值以提高经济收入和改善生活水平。因此，在理性的思考下，农民大多会选择通过施用化肥和农药及施用大量的农药和化肥来确保农产品的高产量，而不会选择减少或者不使用农药和化肥以保护农业生态环境。这种情况在那些生活在生态环境极度脆弱、外出打工途径少、收入来源单一的地区的农民中表现得更加显著。这些贫困地区的农民脱贫的唯一方式就是农作物的产量提升，因此这些地区的农民会选择施用更多的化肥和农药来保证粮食增产，进而增加家庭收入。从这个角度思考，农业绿色发展的初衷——"农业经济增长的引擎而不是农业经济增长的负担"虽然是美好的，但是实际操作中必然会面临许多困难。现阶段，农民较为关心的是农业生产的经济效益，通过牺牲农业资源环境换取经济的短期快速增长以摆脱贫困，改善生活质量仍然是农民迫切需要解决的问题之一，因此也就出现了尽管我国农业生产能力持续提高，但我国的农业环境污染问题并没能得到有效控制，潜在的农业环境问题仍不断显现，农业绿色发展能力呈相对下降的趋势。下面，本书提出如下假设。

假设1：农民都是理性经济人，农民的行为具有短期性，行为的终极目标是实现收入的最大化，在没有外力的干预下，农民不会主动实施农业绿色发展行为。

二、"绿色要素"边际效用递增假设

从1798年托马斯·马尔萨斯（Thomas Malthus）的种群理论，到20世纪三四十年代哈罗德·多马（Roy F. Harrod, 1937; Evsey D. Domar, 1946）模型，再到1956年索洛-斯旺模型，新古典增长理论一个共同的理论假设就是要素边际收益递减。20世纪80年代，罗默（Paul M.Romer）提出的"完全竞争的内生增长模型"彻底打破了新古典增长理论对要素边际收益递减的传统假设，认为知识具有边际报酬递增效应。卢卡斯（Robert E. Lucas, Jr.）引入人力资本积累的概念，认为知识积累具有外部性，只有专业化的人力资本积累才是经济增长的真正源泉，将内生增长模型向前推进了一大步。

农业绿色发展若要彻底扭转以往的农业发展方式就应更加注重资源节约、更加注重创新驱动、更加注重环境友好、更加注重生态保育、更加注重产品质量的绿色发展模式，逐渐摒弃以往依靠高投入、高消耗、高污染的发展模式（周茜，2016）。农业绿色发展具有可持续性的内生增长理论基础旨在说明，新的农业绿色要素具有规模报酬递增的特征。因此，本书提出如下假设。

假设2：农业生产知识积累和农业科技进步是农业绿色发展的决定性因素，具有边际收益递增的特征。

第三章

农户微观视角下农业绿色发展的机理分析

本章共分为五个部分。第一节,提出本章的研究问题:农户微观视角下农业绿色发展的机理分析;第二节,分析农业绿色发展的机制障碍;第三节分析农户农业绿色生产行为的原因;第四节阐述农业补贴、农户行为与农业绿色发展的过程机理;第五节,对本章的研究内容进行简单的小结。

第一节 问题的提出

农业是人类衣食之源、生存之本,是一个国家最基本、最古老的物质生产部门,也是一个国家实现经济发展、社会进步、国家独立的重要基础。我国可耕地面积仅占全世界的8%,但是我国现在有接近世界20%的人口。2003年以来,我国农业产值稳步提升,年均增长12%,粮食产量出现了"十二连增"的丰收局面。2016年,我国的食物自给率达到了95%,这是非常了不起的。能取得这样的成就,是因为过去四十多年我国农业年均增长达到4.6%(黄季焜,2018)。当前,我国面临农业资源约束趋紧、环境污染、生态系统退化等问题已经成为阻碍中国农业发展的极大障碍,也是社会经济发展的重大挑战。据有关部门预测,到2030年,我国食物自给率会下降4%～5%,自给率在91%左右(黄季焜,2018)。

自2003年我国政府正式提出"绿色农业"概念到现在不过二十多年的

时间。推进农业绿色发展，不仅是农业发展观的一场深刻革命，更是当前推动乡村振兴和农业供给侧结构性改革的主攻方向（于文嵩等，2015）。党和政府历来重视农业绿色发展问题。2015年3月24日，中共中央政治局会议审议通过的《关于加快推进生态文明建设的意见》中首次提出"绿色化"，并将其与新型工业化、城镇化、信息化和农业现代化并列。2015年10月29日，中共十八届五中全会通过的《中共中央关于制定国民经济和社会发展第十三个五年规划的建议》明确提出创新、协调、绿色、开放、共享的新发展理念，将绿色发展上升至国家战略层面，正式成为党和国家的执政理念。2016年，"一号文件"《关于落实发展新理念加快农业现代化实现全面小康目标的若干意见》指出，扎实推进现代农业基础建设，提升农业质量和竞争力，增强资源环境保护和生态修复，逐步实现农业绿色发展。党的十九大报告明确要求实行最严格的生态环境保护制度，形成绿色发展方式和生活方式，中共中央办公厅、国务院办公厅印发的《关于创新体制机制推进农业绿色发展的意见》更是把农业绿色发展放在了生态文明建设的突出位置。习近平总书记也多次强调"绿水青山就是金山银山"。农户作为农业绿色发展的重要微观主体，在政策既定的情况下，农户决策行为直接决定农业绿色发展的成效。因此，从农户微观视角探究我国农业绿色发展的机制，对于促进我国农业绿色发展具有重要理论价值和现实意义。

第二节　农业绿色发展的机制障碍

一、政策不完善

农业补贴是"三农"政策里的一条主线，对农民有激励作用，对粮食的增产也起到了很大促进作用（张崇尚等，2017）。但是，我国农业补贴政策长期以保障粮食安全和农民增收为根本目标，对农业其他功能，特别是生态环境保护功能关注不足。政策的倾斜导致农户专注于粮食增产和收入增加，进而过度利用农业水、土自然资源，开拓脆弱土地发展种植业，过量投入化肥、农药等化学投入品，增加机械投入、减少劳动力投入，进而造成农业水、土资源短缺，生态系统破坏和农产品质量下降等问题（俞海等，2017）。通过系统梳理中华人民共和国成立以来我国农业补贴政策的演进过程可以发现，我国农业补贴的转变过程呈现两个特点：由补贴流通环节向补贴生产环节转变、由间接补贴向直接补贴转变。而在这两种转变过程中，实质是向补贴农户转变。

1949—1952年，我国国民经济处于恢复发展时期，那时并没有形成系统的农业补贴方案，国家实行的是粮食自由购销体制，只是对农业灾害提供一些救济。1953年，中共中央发出《关于实行粮食的计划收购与计划供应的决议》，也就是常被人们提及的"统购统销"政策。这项政策设立之初，对稳定粮价和保障粮食供应发挥了一定作用，但是后来因为其严重阻碍农业经济的发展而在1985年被取消。1956年，国家开始实施"三包一奖"政策（包工、包产、包费用，将生产队超过一定产量任务的粮食奖励给生产队）。甄霖（2017）认为，这种奖励在当时的条件下可看作一种农业补贴。该项政策在1962年生产队成为统一经营、自负盈亏的核算单位之后就不再被广泛采用。20世纪50年代末期，国家先后四次调整粮食收购价格，以保证粮食产量，同时国家对职工实行粮价补贴，对粮食企业进行营销费用补贴。1961年，我国开始实行通过"奖售工业品"对农业进行补贴，奖售的工业品包括棉布、胶鞋、纸烟、化肥及其他工业品，这一政策被看作农业实物补贴的一种形式。1979年，我国开始对粮食流通体制进行改革，改革的主要目标是调整粮食收购数量和价格。伴随着粮食流通体制的改革，我国农业补贴主要补贴粮食企业经营费用和购销差价，并且以补贴购销差价为主，补贴的对象实际是城市居民，农民只能间接得到一些补贴的利益。1985年，合同订购取代粮食统购，并建立粮食保护价收购制度和粮食储备制度，仍然是补贴粮食企业经营费用和购销差价，并且更加向城市居民倾斜。1987年，合同订购粮食与平价化肥、柴油的供应和预发预购定金"三挂钩"政策是我国粮食生产补贴中影响最广泛的政策。1990年，国家开始实行粮食存储补贴政策和粮食保护价收购政策。其中，粮食存储补贴政策旨在对粮食企业的大米、小麦、玉米储存保管进行补贴（含保管费用、贷款利息、轮换费用）；而粮食保护价收购政策旨在稳定粮价和生产的积极性，该项政策在2003年被粮食最低收购价政策所取代。粮食存储补贴政策和粮食保护价收购政策本质上都是对流通领域进行补贴。1994—1997年，我国农业补贴方式没有发生太大的变化。1998年，国家开始实行按保护价收购农民余粮、粮食收储企业实行顺价销售、农业发展银行收购资金封闭运行三项政策，加快国有粮食企业自身改革，并且建立专项用于支付省级储备粮油的利息、费用补贴、粮食企业超正常库存粮食的利息、费用补贴的粮食风险基金和支付中央专项储备粮的利息、费用等项支出的补贴基金。从本质上讲，这些对粮食流通环节进行的补贴并没有使农民从中获得真正的实惠。据OECD测算，我国价格政策补贴的效率仅为14%。因此，流通领域的农业补贴政策必须改革（张慧琴等，2017）。

2002年，我国粮食主产区面临库存长期居高不下、价格背离供求、亏损持续发生、企业依赖政府等突出问题。国家为解决这些问题，以安徽省来安县和天长市、吉林省东丰县为改革试点，开展粮食直接补贴试点工作。2003年，粮食直接补贴试点扩大到全国13个粮食主产省（区）。2004年，粮食直补政策在我国全面推行，并且形成了三种主要类型的补贴资金分配方式，分别为按计税常产、计税面积、粮食商品量等多种因素分配资金，按粮食产量分配资金和按实际种植面积分配资金的方式。实行粮食直接补贴政策之后，农民的收入增加了，粮食产量也增加了。

针对我国大豆生产下滑、逐渐依赖进口的严峻形势，国家在2002年推出了"大豆振兴计划"，主要是对大豆良种进行补贴，并且以黑龙江、吉林、辽宁和内蒙古为试点省份对1 000万亩高油大豆进行补贴。2003年，试点省份扩大到河北、河南、山东、江苏和安徽。2004年，全国28个省份安排有良种补贴。此后，中央每年都加大良种补贴力度，并不断扩大补贴范围。良种补贴资金直接发放到农民手中，极大地促进了农民的种粮积极性。

1998—2003年，我国先后对北方地区的黑龙江、吉林、辽宁、内蒙古、新疆、山东和河南，南方地区的江苏、湖北、湖南、四川、重庆及西北的陕西开展农机购置补贴试点工作，随后在全国范围内推开。2004年，国家进一步对农民个人、农场职工、农机专业户和直接从事农业生产的农机服务组织购置和更新更大型农机具给予一定补贴，补贴对象直指农民。2005年，全国有2/3的省（区、市）增加了农机购置补贴金额，补贴的农机具类型不断扩大，受益的农户数逐渐增多。

2006年,《财政部关于对种粮农民柴油、化肥等农业生产资料增支实行综合直补的通知》指出，对种粮农民（含国有农场的种粮职工）因成品油价格调整，以及化肥、农药和农膜等农业生产资料预计增支给予补贴，并且在原定补贴资金基础上，中央财政再新增补贴资金，对种粮农民实行综合直补。农资综合补贴是没有经过小范围的试点直接在全国推开的农业补贴政策。此后，中央每年稳定和不断完善农资综合直补政策，并且不断加大补贴力度，创新补贴资金的发放方式。2008年，中央直接采取"一卡通"或"一折通"的形式，将补贴资金发放到农民手中。

综上所述，2002年之前，我国农业补贴流通环节的政策没有完全实现预期效果。在这种政策大背景下，农民只能通过开拓荒地、增加种植面积、进城务工、减少农业劳动力等方式提高粮食产量和增收，长此以往，就形成了对农业水、土资源的过度开发和利用。2002年之后，国家实施良种补贴主要强调对高产品种进行补贴；国家实施的农机购置补贴进一步鼓励农民减少农业劳动投入，以机械代替人工劳动；农资综合补贴鼓励农民加大对化肥、农药、农膜等化学投入品的使用。传统的农业"四项补贴"政策有不利于农民生产经营和易对农业生态环境造成负面影响的一面。中国政府已经意识到这个问题，并且在积极探索解决方案。2015年，财政部、农业部选择安徽、山东、湖南、四川和浙江5个省，由省里选择一部分县市开展农业"三项补贴"改革试点工作，政策目标调整为支持耕地地力保护和粮食适度规模经营。2016年，财政部农业部印发《财政部农业部关于全面推开农业"三项补贴"改革工作的通知》明确指出，以绿色生态为导向，全面推开农业"三项补贴"改革，推进农业"三项补贴"由激励性补贴向功能性补贴转变、由覆盖性补贴向环节性补贴转变，以提高补贴政策的指向性、精准性和实效性。同年，中央全面深化改革领导小组审议通过了《建立以绿色生态为导向的农业补贴制度改革方案》，提出将农业补贴政策目标调整到数量、质量和生态并重，并提出，到2020年基本建成以绿色生态为导向、促进农业资源合理利用与生态环境保护的农业补贴政策体系和激励约束机制。2018年，"一号文件"明确提出严厉整治惠农补贴侵害农民利益的不正之风和腐败问题，落实和完善对农民直接补贴制度，提高补贴效能。

二、市场失灵

市场失灵指的是在现实经济中，完全竞争市场基本不存在，垄断、外部性、信息不完全及公共产品等，使仅依靠价格机制的资源配置方式无法实现帕累托最优（薛彩霞等，2018）。农业生产实践导致的负外部性基本很难对污染者（尤其是农民）收费，进而难以形成对农户的行为约束。OECD 在一份报告中提到："如果没有适当的管理框架、不足的信息或财政资源，那么并非所有农业生产者都有适当的动机在作出生产决策时考虑到其活动的所有环境成本和利益。"例如，农业土壤和水污染、生物多样性减少、食品安全隐患等，所有这些负外部性都不包含在农业生产经营活动的定价当中。虽然农民是这些负外部性的直接受害者，但是，由于他们并不会面临生产环境影响的全部成本，绝大部分人都认为自然资源的许多服务都是免费的，所以农民没有动力减少对环境的损害。

此外，农民如果对环境进行保护，也不会得到奖励，农民因此也没有动力去保护环境。例如，农业塑造乡村景观和对生物多样性的贡献而产生的正外部性，农民并不能因此得到奖励。在这种情况下，农业环境绩效的结果在经济上是次优的（杨文进等，2012）。

在市场失灵的情况下，农户的环境不友好行为不会得到惩罚，农户采取环境友好行为也不会得到奖励，农户的最优决策便是继续加大力度开发、利用农业水、土等自然资源，增加化肥、农药、农膜的使用量以增加产量，增加机械投入以进一步减少人工投入，忽视农产品质量安全等（许广月等，2008）。因此，亟待找到激励农户农业绿色生产行为的关键因素，以引导农民采用农业绿色生产行为，进而实现农业绿色发展。

农业补贴政策绿色生态化改革就是针对农户农业绿色生产行为产生的有益结果无法进行市场定价，以及农户的非农业绿色生产行为产生的成本也无法内部化的情形而制定的政策（严红，2017）。对农户农业绿色生产行为进行补贴可以降低农户的环境成本、提高农户的环境保护意识，进而降低环境损害、采用更加环保的做法。

第三节　农户农业绿色生产行为的动因分析

农户农业绿色生产行为是指农户为了实现利润最大化目标，在权衡自身资源禀赋特征和社会经济环境的约束下作出的是否接受并采用对农业绿色发展具有正向促进作用的行为，如减少化肥、农药的使用，增加有机肥的使用等。目前，国内外文献中对农户农业绿色生产行为动因的研究，主要集中在农户内部因素和外部条件的探索两个方面上。

一、内部因素

已有研究认为，农户的认知和意愿是对农户行为产生影响的关键内部因素。国外学者研究考察了感知易感性、严谨性、利益和障碍对农民的环境态度改变的影响，以及态度对行为的因果效应，认为农民对环境的态度明显受到农户的感知易感性（如对土地退化的敏感性）、严谨性等的影响，并且农户对环境的态度会影响农户的环境行为，农户对环境的积极态度会导致更大的行为改变倾向（周荣华，2013；许朗等，2013）。还有的学者从激励、规则、观念、个人价值观和社会规范等方面进行考察，结果表明，这些个体的内在因素塑造了农户管理农业生态系统的行为（颜廷武等，2017）。此外，农民的态度和过去的行为对农户的环境行为会产生积极的影响。有一项针对农民的"社会—经济—沟通—心理特征"的研究结果表明，农户的心理特征对被调查对象的生态作物管理实践具有显著的影响。国内学者的研究结果也表明，农户的认知和意愿会对农户行为产生重要的影响。

二、外部条件

农业补贴被认为是影响农户农业绿色生产行为的一项关键因素。国外大多数有关农业补贴对农户农业绿色生产行为的影响的结论主要有两种：一种观点认为，农业补贴对农户农业绿色生产行为具有显著的激励作用；而另外一种观点则认为，农业补贴是农业绿色生产行为的障碍性因素。支持农业补贴促进农户采用环境友好型行为的研究占大多数。2007年11月15日，联合国粮农组织在其出版的《粮食和农业状况》中指出，对农民谨慎的、有针对性的补贴可以作为保护环境和应对气候变化、生物多样性丧失及水资源短缺的一种途径。一些国外学者的研究认为，缺乏经济激励是阻碍农民转向有机农业的一个重要障碍，鼓励通过实施农业补贴促进农户采取环境友好型行为。只有极少数研究认为，农业补贴会阻碍农户采用农业绿色生产行为。有学者采用转换类型的probit模型来估计农户是选择传统农业还是有机农业（Pietola and Lansink，2001）。研究结果表明，投入和产出的价格、补贴率负向影响从传统农业转向有机农业的可能性。

国内研究大多数认为，农业绿色发展友好型农业补贴主要通过影响农户的种植行为决策和投资行为决策，进而对农业绿色发展产生影响。前者主要包括播种面积和耕作制度，后者主要包括农业机械的使用、增加化肥、农药、种子、农业技术、劳动力、农业基础设施等要素的投入。然而，有极少数研究认为，农业补贴政策对农户的投资决策行为没有产生影响，进而也对农业绿色发展不产生影响。

第四节　农业补贴、农户行为与农业绿色发展的过程机理

一、采用绿色农业科技的降低成本效应

在农业生产过程中，种子、化肥、农药、农膜和机械等都是投入要素，农户基于经验、认知等，生产行为会具有路径依赖的特征，表现为使用往年的种子，拒绝使用良种、使用化肥，并拒绝施用农家肥、绿肥和有机肥，使用高毒农药而拒绝减少农药的喷洒次数和采用低毒农药，随意抛弃农膜、拒绝投入人力回收农膜，为了节省人力而加大机械的投入等。所有这些行为背后的根本原因都是农户预期采用新的生产技术、改变传统的农业生产方式

的成本会高于维持现状，而采用新技术、新路径的收益却存在极大的不确定性。在理性经济人假设的情况下，农户没有动力去改变传统的生产行为方式（杨灿等，2016）。而传统的农业补贴政策目标、补贴方式、补贴标准等，会强化农户的这种路径依赖生产行为，表现为技术"锁定效应"。学者（Pieters，2017）研究认为，农业补贴往往具有技术"锁定效应"，这意味着农业补贴可以通过支持特定的投入或技术来阻止技术变革。取消某些形式的农业补贴，特别是投入补贴，将有助于消除这种技术上的"锁定效应"，并通过提高成本来减少投入使用和相关的环境影响。

农业补贴绿色化、生态化改革鼓励农民使用良种，减少化肥、农药等化学投入品的使用，进行测土配方施肥，采用新型农业机械等。良种通常具有抗病虫害、高产等优良特性，可以减少化肥、农药等化学投入品的使用，进而降低农户的生产成本。绿肥、有机肥和农家肥等环境友好型化肥可以提高农产品品质，进而有利于人体健康，减少疾病的发生，农户也从中受益，并且间接降低了农业生产的成本。新型的农业机械有利于秸秆还田等，而且效率更高。秸秆还田之后增加土壤的肥力，间接降低了农户的生产成本。在农户理性经济人假设的前提下，农业补贴是激励农户采用绿色农业科技的关键调节变量。环境补贴可以促进对环境无害的新技术的采用，进而对环境产生积极的影响，如设计减少灌溉用水或类似技术的滴灌系统。这种补贴所产生的积极的结果可能会抵消一些与农业生产和贸易有关的环境负外部性。它还可以提高农业生产者在世界市场上的竞争力。

二、适度规模经营的规模经济效应

规模经济效应是指随着规模的扩大，生产成本和经营费用都会降低。农业经济活动也适用这一规律。我国实行家庭联产承包责任制，将土地按每户家庭的人口数或人劳比例分配给农户经营，因此每户的经营规模都比较小：全国人均耕地面积不到 1.2 亩，我国有 1/3 以上的省份人均耕地面积小于 1 亩，有 660 个县小于联合国确定的 0.8 亩（国际上的标准是，当人均耕地面积小于 0.8 亩时，土地就只有生存保障的功能，没有条件承担生产功能）的警戒线。我国463个县低于人均0.5亩，北方单熟地区人均3亩，但是产量却相当于南方的1亩（尚晓等，2017）。我国土地制度改革和城镇化，鼓励农户将土地流转出去，目的之一就是促进农业规模化经营（杨丹，2012）。农业补贴，尤其是与价格或产出挂钩的补贴，对生产规模有直接影响。粮食直补资金分配方式一般按照计税面积、计税常产、实际种植面积、第二轮土地承包面积或者农户出售商品粮的数量来计算；良种补贴一般按照计税面积来计算；农资综合补贴一般按照第二轮土地承包面积、计税面积、计税常产、实际种植面积及种植面积和生产技术结合来计算；农机具购置补贴按照国家规定的农机具品目进行补贴。可以看出，农业"四项补贴"资金的分配方式对于土地流转、实现规模化经营具有重要的促进作用。此外，农业补贴政策倾向农业集约化经营和扩大化生产。这些影响表明，农业补贴政策具有重要的规模效应，可以促进更高、更密集的生产水平。

根据环境库兹涅茨假说，农业环境污染与农业产出呈同方向变化。也就是说，当农业产出增加时，农业环境污染程度将加剧；反之，当农业产出下降时，农业环境污染程度将减小，二者在走势上具备高度一致性。因此，可以预期，取消或者减少这类与价格或产出挂钩的农业补贴将产生积极的环境影响。正如保罗·帕特森（Patterson，2006）提到的："分析通常表明，发达国家大部分的补贴减少，降低了对过度使用杀虫剂和化肥的激励，降低了将脆弱的土地转化为可耕种的土地的压力，并降低了其他种类的生产压力，包括灌溉用水的压力。"约翰·赫尔明（Helming，2018）进一步指出，减少、脱钩或取消农业补贴通常会降低环境的压力。多哈回合谈判取消黄箱补贴被认为对贸易自由化和环境都是一个积极的举措。

2016年，我国《财政部、农业部关于全面推开农业"三项补贴"改革工作的通知》确定农业补贴改革以绿色生态为导向，这一转变意味着政策干预将使环境库兹涅茨曲线提早到达转折点，即随着农业生产规模的扩大，农户使用绿肥、有机肥，减少农药、化肥的使用量，采纳新型农业机械的边际成本会不断降低，当补贴的数额大于或者等于农户使用绿肥、有机肥、减少化肥、农药、购置新型农业机械的边际成本时，农户将采用节约农业水、土自然资源，减少农业面源污染，保育农业生态系统及提高农产品质量的农业绿色生产行为,以获得新状态下的规模经济效益,进而实现农业绿色发展。

三、绿色农产品的收益预期效应

从供给方面看,农户采用绿色农业科技、进行适度规模经营有助于生产绿色农产品。从需求方面看,随着我国国民收入水平的提高,消费者对绿色农产品的需求日益增大。绿色农产品的认证、监管、法律法规等日渐完善,绿色农产品优质优价逐渐变得可能(尹政平,2015)。当农户形成绿色农产品优质优价的预期后,反过来也会鼓励他们采用绿色农业科技、加快土地流转、进行适度规模经营。

2016年,《财政部、农业部大力推进建立以绿色生态为导向的农业补贴制度改革》指出,到2020年,基本建成以绿色生态为导向、促进农业资源合理利用与生态环境保护的农业补贴政策体系和激励约束机制。政策的出台对于引导农户节约使用农业资源,减少化肥、农药等生产资料的投入,增加劳动力的投入及主动实施农业绿色生产行为具有重要的促进作用,进而通过生产符合消费者需求的高质量农产品来实现增收的良性循环。

四、种植灵活性和生物多样性

传统的农业补贴通过商品之间的相对支持差异产生直接的产品效应。补贴的增加/减少影响与商品有关的相对价格和生产成本,从而产生产出替代效应、价格替代效应和投入替代效应。美国的农业法案为大豆生产提供了动力,而欧盟的共同农业政策为粗粮提供了更多的支持,损害了小麦的产品效应。此外,传统的对价格和产量的农业补贴往往会降低生产者作物种植的多样性。OECD曾在报告中提到:"在一些国家,农业支持作物高度不平等,使农民的生产只集中在少数受到较高支持的作物上。减少农产品支持的差别可能导致更加多样化的种植模式,可能对生物多样性和景观产生积极影响。"传统农业补贴导致的种植灵活性降低,加上专业化程度的提高,往往会降低农业土地的生物和遗传多样性,从而增加农业生态系统对病虫害、杂草和气候变化的脆弱性，导致农业生产的日益简化和专业化。农业补贴绿色生态化改革有利于引导农户增加种植作物的多样性，进而提高农业土地的生物和遗传多样性，从而有利于农业绿色发展。

综上所述，在农户微观视角下，农业绿色发展的机理图如图3-1所示。

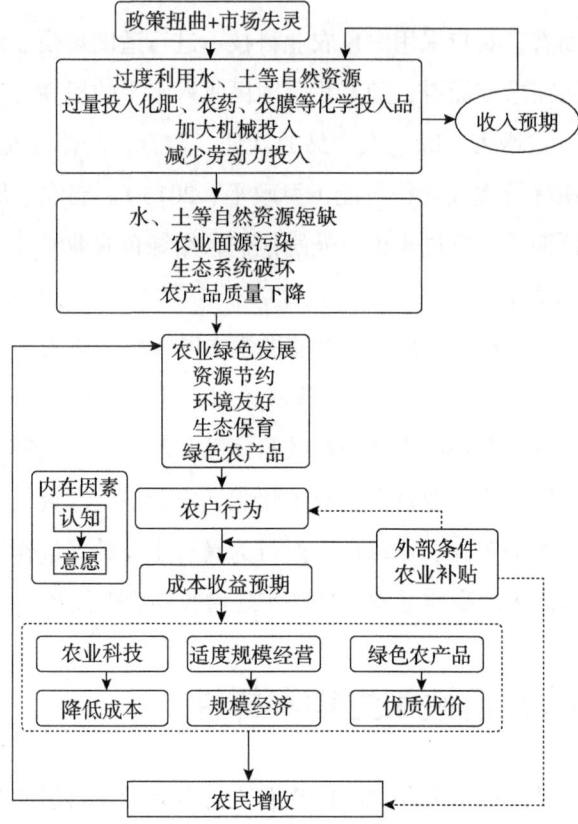

图3-1 农户微观视角下农业绿色发展机理

第五节 本章小结

农户采用绿色农业技术，通过降低成本效应既可以实现农民增收又可以促进农业绿色发展；农户实行适度规模经营，通过规模经济效应促进农民增收，并在农业补贴的激励下，实行耕地地力保护行为，进而实现农业绿色发展；在农户采用绿色农业技术和适度规模经营的情况下，农户生产的农产品质量更高，伴随着国家法律法规的不断健全和绿色农产品市场的不断完善，预期可以实现优质优价，进而促进农民增收。农民收入提高有助于采用绿色农业科技和实现适度规模经营，促进农业绿色发展。但是，农户行为具有技术锁定效应和路径依赖特征，农户需要有足够的激励才会改变传统的农业生产行为为农业绿色发展行为。农业补贴作为一项非常重要的激励政策，对于转变农户生产行为具有重要的调节作用。

第四章

农户对农业绿色发展的认知与农业绿色生产行为采纳深度的影响因素分析

本章利用江西省6县（市、区）363户水稻种植农户的调查数据，运用双变量Probit模型分析稻农对农业绿色发展的认知和农业绿色生产行为采纳深度的影响因素，并测算相关影响因素对稻农农业绿色发展认知和农业绿色生产行为采纳深度的边际效应。本章首先提出研究问题；其次对核心概念进行界定，提出研究假说和构建模型；再次利用问卷调查数据就稻农对农业绿色发展的认知与采纳深层次农业绿色生产行为的影响因素进行实证分析；最后得出本章的研究结论和政策启示。

第一节 引 言

在探究农户微观的视角下，我国农业绿色发展机制的一个重要切入点在于，了解当前农户对农业绿色发展的认知、农户采纳何种程度的农业绿色生产行为，并在此基础上深入分析影响农户对农业绿色发展认知的因素，以及影响农户农业绿色生产行为采纳的因素。

实现农业绿色发展是理论研究者和政策制定者关注的重大问题。2015年3月24日，中共中央政治局会议审议通过的《关于加快推进生态文明建设的意见》首次提出"绿色化"，并将其与新型工业化、城镇化、信息化和农业现代化并列。2015年10月29日，中共十八届五中全会通过的《中共中央关于制定国民经济和社会发展第十三个五年规划的建议》明确提出创新、协调、绿色、开放、共享的新发展理念，将绿色发展上升至国家战略层面，正式成为党和国家的执政理念。2016年，"一号文件"《关于落实发展新理念加快农业现代化实现全面小康目标的若干意见》指出，扎实推进现代农业基础，提升农业质量和竞争力，增强资源环境保护和生态修复，逐步实现农业绿色发展。2017年，"一号文件"《关于深入推进农业供给侧结构性改革 加快培育农业农村发展新动能的若干意见》中针对满足优质高效的农业供给侧的需求，特别突出了"绿"字。党的十九大报告明确要求实行最严格的生态环境保护制度，形成绿色发展方式和生活方式；中共中央办公厅、国务院办公厅印发的《关于创新体制机制推进农业绿色发展的意见》，更是把农业绿色发展放在了生态文明建设的突出位置。有学者预测绿色农业发展将比整体经济增长速度高2个百分点以上，发展潜力巨大（刘子飞，2016）。

作为农业生产经营和管理的实践者，农户的行为对农业绿色发展起到关键的作用。在政策既定的情况下，农户决策行为直接决定农业绿色发展的成效。因此，对农户农业绿色发展的认知与农业绿色生产行为采纳深度的影响因素进行分析，是研究我国农业绿色发展机制的重要内容。

农户的认知和行为采纳受农户个体、家庭及生产特征、基于计划行为理论确定的变量，以及基于新古典经济学中的效用理论确定的因素等多方面的影响（曹裕等，2018）。农户个体、家庭及生产特征变量主要包括性别、年龄、受教育程度、政治面貌、务农时间、技术能力、村干部、家庭人口数、外出务工人数、人均水田面积、种植规模、土壤肥力、耕地特征、专业化程度、标准化生产情况、是否参加合作社或产业化生产、农户与涉农企业和农业专业技术协会的联系、与市场距离等（华红娟等，2012；黄腾等，2018）。基于计划行为理论确定的变量，主要包括从众心理、安全稻米认知、禁限化学用品认知、对优质安全水稻及其栽培技术的了解程度、生产水稻中遇到的困难、农户态度、政府规制及非正式制度、农业技术推广、加入合作社、农户环境效应认知、市场意识、质量安全意识、风险意识、绿色防控技术感知易用性、绿色防控技术感知有用性、生态环境关注程度、对政府禁止使用农药的认知、对绿色/无公害/有机产品的了解、环境关注、购买农药时比较说明书、商家宣传、基层政府组织提供的讲座、政府农药残留检测、参加过农药使用技术培训、商业化程度、风险态度、技术指导频数、信息通畅度、生产中考虑对环境的影响及污染治理等。基于新古典经济学中的效用理论确定的变量，主要包括农药补贴、是否有经济补偿、政府监管力度、安全稻米溢价、价格因素等（陈卫平等，2018；张晋华等，2017）。

基于以上认识，本章主要关注以下两个问题。

第一，当前农户对农业绿色发展的认知，以及农户采纳何种程度的农业绿色生产行为。

第二，影响农户对农业绿色发展认知的因素，以及影响农户农业绿色生产行为采纳的因素。

第二节 概念界定、研究假说和模型构建

一、概念界定

"成本—收益"理论认为，人是理性的，人的经济行为是以利润最大化为目标的。农业绿色发展是新时代下党和国家对农业发展方向的正确判断，是确保农业实现经济效益、生态效益和社会效益相统一的科学发展模式。

目前，学术界尚未对农户农业绿色生产行为形成一致的认识。在本书中，农户农业绿色生产行为指的是农户在农业生产过程中注重资源节约、环境保护、生态保育、绿色农产品生产的行为。具体而言，结合2018年我国农业补贴的项目类别等与农业绿色发展相关的政策措施，将采用保护性耕作技术（如少耕/免耕/适度深松耕）、秸秆综合利用、有机肥替代化肥、减少农药使用量、农药及化肥包装物回收、地膜回收、采用节水灌溉技术、采用测土配方施肥技术界定为农户农业绿色生产行为。而农户对农业绿色发展的认知是指农户对农业生产过程中是否注意节约资源、保护环境、保育生态，以及对生产的农产品是不是绿色农产品有一定程度的认知。问卷中，"农户对农业绿色发展的认知"变量的测量问题是"您认为农业绿色发展具有下列哪些作用"，答案选项包括"节约资源""降低成本""保育生态""提高

产量""减少环境污染""改善土壤质量""生产绿色农产品"和"更高效率"8项。本书将选择项总数为4项及以上的定义为对农业绿色发展具有一定程度的认知，将选择项总数为3项及低于3项的定义为对农业绿色发展缺乏认知。"农户农业绿色生产行为采纳深度"变量的测量过程为，针对本文定义的8种农户农业绿色生产行为，分别询问农户是否有采纳相应的行为，并且将没有采纳相应农业绿色生产行为的样本标记为0，将采纳了相应的农业绿色生产行为的样本标记为1，然后将农户对这八个选项的结果进行加总，并且将加总后大于等于4的记为"采纳了深层次农业绿色生产行为"，将加总后小于等于3的记为"没有采纳深层次农业绿色生产行为"。

二、研究假说

按照计划行为理论（Theory of Planned Behavior，TPB），稻农的个体特征、社会特征、经济特征和文化特征会通过影响其信念而间接影响其行为态度、主观行为规范和自觉行为控制，并最终影响其行为（邝佛缘等，2018）。结合农户农业绿色生产行为影响因素的有关研究（潘世磊等，2018），本书从被访农户个体基本特征、被访农户家庭基本特征、生产经营特征和被访农户的认知特征四个方面提出稻农对农业绿色发展的认知及采纳深层次农业绿色生产行为影响因素的假说。

参考漆军等（2016）、余威震等（2017）、潘世磊等（2018）的研究成果，结合调查样本区域的实际情况，对于被访农户个体基本特征，本书主要考虑年龄、职业情况、务农年限及身体是否健康四个变量。一般而言，年龄越大的农户对新生事物的接受意愿越弱，越有可能缺乏对农业绿色发展的认知（侯建昀等，2014），越不可能采纳深层次的农业绿色生产行为。以农业为主要职业的农户倾向于关心如何增加粮食产量、降低投入成本，以便最大可能地获得农业高收益，因此对农业绿色发展的关注度可能比较弱。而兼业农户，特别是那些以非农业为主要职业的兼业农户对农业的未来发展趋势更加关心，对农业以外或者由农业发展带来的新机会更加关心，因此他们更有可能对农业绿色发展有一定程度的认知，并且采纳深层次的农业绿色发展行为。从事农业生产时间较长的农户对农作物的自然再生产特征了解更多，越有可能对农业绿色发展有一定程度的认知。健康状况对从事高强度的农业生产活动至关重要，一般而言，身体健康的农户比身体不健康的农户尝试新型农业生产模式的意愿越强烈，也越有能力采纳农业绿色生产行为（潘世磊，2018）。身体健康的农户经营的农田比身体不健康的农户经营的农田更多，销售的农产品也更多，更有可能对农业绿色发展具有一定程度的认知，也更可能采纳深层次的农业绿色生产技术。基于上述分析，本书提出如下假说。

假说1：稻农年龄负向影响其对农业绿色发展的认知及其采纳深层次的农业绿色生产行为；职业情况和务农年限正向影响其对农业绿色发展的认知及其采纳深层次的农业绿色生产行为；身体健康的稻农更可能对农业绿色发展具有一定程度的认知并更倾向于采纳深层次的农业绿色生产行为。

参考李想等（2013）、李俊睿等（2018）的研究结果，对于农户家庭基本特征变量，本书认为主要考虑收入水平及农户与村干部接触的频繁程度两个变量。家庭收入越高的农户越关心新生事物，越有可能对农业绿色发展具有一定程度的认知，也更有资本采纳农业绿色生产技术，对农业绿色生产行为的采纳程度可能更深。一般而言，村干部对最新农业政策的了解更早、更全面（李想等，2013），与村干部接触越频繁的农户对农业绿色发展的认知可能更高，也更有可能采纳更深层次的农业绿色生产行为。基于上述分析，本书提出如下假说：

假说2：收入水平和与村干部接触的频繁程度正向影响稻农对农业绿色发展的认知及采纳深层次的农业绿色生产行为。

参考姜利娜等（2017）、李娇等（2017）、史冰清等（2013）的研究结果，本书农业生产经营特征主要包括是否进行产地检测、是否参加过农业绿色生产技术培训及是否加入农民合作社三个变量。对耕地进行过产地检测的农户更有可能对农业绿色发展具有一定程度的认知，并且采纳深层次的农业绿色生产行为。参加过农业绿色生产技术培训的农户，更有可能对农业绿色发展具有一定程度的认知，也更有可能采纳深层次的农业绿色生产行为（吴雪莲等，2017）。加入农民合作社的稻农获取农业生产、销售及政策优惠等信息的渠道更广，对农业绿色发展的政策导向把握更准，更有可能对农业绿色发展具有一定程度的认知，并且采纳深层次的农业绿色生产行为。基于上述分析，本书提出如下假说。

假说 3：耕地进行过产地检测、参加过农业绿色生产技术培训、加入农民合作社正向稻农对农业绿色发展的认知及采纳深层次的农业绿色生产行为。

参考马恒运（2018）、王宇惠（2017）、王洪丽等（2016）人的研究结果，本书认为农户认知特征变量主要包括稻农对农业绿色发展前景的认知、对农业绿色生产劳动强度的认知、对农业废弃物资源化利用的认知及对掌握农业绿色生产技术的认知。认为农业绿色发展不可能实现的农户，更有可能不关心农业的绿色发展，采纳深层次农业绿色生产行为的可能性也就更低。认为农业绿色生产劳动强度大的稻农对农业绿色发展的关心程度越低，越有可能对农业绿色发展缺乏认知，并且越不可能采纳深层次的农业绿色生产行为。认为农业废弃物应该资源化利用的稻农，更有可能采纳深层次的农业绿色生产行为，对农业绿色发展也越可能有一定程度的认知。认为通过简单的培训或者讲解就可以轻易地掌握农业绿色生产技术的农户，更有可能对农业绿色生产行为进行深层次的采纳，并且愿意接受新鲜事物，进而更有可能对农业绿色发展具有一定程度的认知。基于上述分析，本书提出如下假说。

假说 4：越同意农业绿色发展可以实现、越不认为农业绿色生产劳动强度大、越同意农业废弃物应该资源化利用、越认为通过简单的培训或者讲解就可以轻易掌握农业绿色生产技术的稻农，越有可能对农业绿色发展有一定程度的认知并采纳深层次的农业绿色生产行为。

三、模型构建

农户对农业绿色发展是否有一定程度的认知及是否采用深层次的农业绿色生产行为，是两个二项选择问题。按照计划行为理论，认知对行为起着中介和调节作用，认知能力的增强有助于改善和修正行为，提高农户对农业绿色发展的认知程度，能改善其农业绿色生产行为。因此，本书尝试选用双变量 Probit 模型来分析相关影响因素（韩枫等，2016；胡新杰等，2013；王静等，2012）。将农户对农业绿色发展是否有一定程度的认知和是否采纳深层次农业绿色生产行为的选项进行两两组合，可能会产生四种结果，即"有一定程度的认知，采取了深层次农业绿色生产行为""有一定程度的认知，没有采取深层次农业绿色生产行为""缺乏认知,采取了深层次农业绿色生产行为"和"缺乏认知,没有采取深层次农业绿色生产行为"。如果分别用虚拟变量和来表示农户的以上两种行为,且设 $Y_1=1$ 表示"有一定程度的认知", $Y_1=0$ 表示"缺乏认知", $Y_2=1$ 表示"采取了深层次农业绿色生产行为", $Y_2=0$ 表示"没有采取深层次农业绿色生产行为",那么以上可观测变量 Y_1 和 Y_2 两两配对的可能结果可简单表示为(1,1)、(1,0)、(0,1)、(0,0)。同时,认知和行为都要经历一个渐进的变化过程,用这两个不可观测的潜变量分别表示稻农对农业绿色发展的认知程度变化和采用深层次农业绿色生产行为的变化,其表达式如下:

$$\begin{cases} Y_1^* = \alpha_1 X_1 + \varepsilon_1 \\ Y_2^* = \alpha_2 X_2 + \varepsilon_2 \end{cases} \quad (4-1)$$

式(4-1)中, X_1 和 X_2 分别表示上述假设中说明的影响稻农对农业绿色发展的认知和采取深层次农业绿色生产行为的自变量向量, α_1 和 α_2 是待估系数向量, ε_1 和 ε_2 为误差项,假定 ε_1 和 ε_2 服从联合正态分布,即

$$\begin{pmatrix} \varepsilon_1 \\ \varepsilon_2 \end{pmatrix} \sim N \left\{ \begin{pmatrix} 0 \\ 0 \end{pmatrix}, \begin{pmatrix} 1 & \rho \\ \rho & 1 \end{pmatrix} \right\} \quad (4-2)$$

式(4-2)中, ρ 是 ε_1 和 ε_2 的相关系数。 $Y_1^* > 0$,表示稻农对农业绿色发展的认知为正,即有一定程度的认知;同理, $Y_2^* > 0$,表示稻农采用了一定程度的农业绿色生产行为。那么, Y_1^* 与 Y_1 、 Y_2^* 与 Y_2 的关系可由以下方程决定:

$$\begin{aligned} Y_1 &= \begin{cases} 1 & \text{若 } Y_1^* > 0 \\ 0 & \text{若 } Y_1^* \leqslant 0 \end{cases} \\ Y_2 &= \begin{cases} 1 & \text{若 } Y_2^* > 0 \\ 0 & \text{若 } Y_2^* \leqslant 0 \end{cases} \end{aligned} \quad (4-3)$$

式(4-3)中,两个方程的唯一联系是扰动项和的相关性。若 $\rho=0$,则式(4-4)方程等价于两个单独的 Probit 模型。若 $\rho \neq 0$,则 Y_1^* 和 Y_2^* 之间存在相关性,可利用双变量 Probit 模型对 (Y_1,Y_2) 取值概率进行最大似然估计。若 $\rho > 0$,则 Y_1 和 Y_2 之间存在互补效应;若 $\rho < 0$,则 Y_1 和 Y_2 之间存在替代效应。以 P_{11} 为例,具体计算过程如下:

$$P_{11}=P(Y_1=1, Y_2=1)=P(Y_1^*>0, Y_0^*>0)=P(\varepsilon_1>-a_1X_1, \varepsilon_2>-a_2X_2)$$
$$=P(\varepsilon_1<a_1X_1, \varepsilon_2<a_2X_2)$$
$$=\int_{-\infty}^{a_1X_1}\int_{-\infty}^{a_2X_2}\Phi(Z_1, Z_2, \rho)dZ_1dZ_2=\Phi(a_1X_1, a_2X_2, \rho) \quad (4-4)$$

式（4-4）中，$\Phi(Z_1, Z_2, \rho)$ 与 $\Phi(a_1X_1, a_2X_2, \rho)$ 分别为标准化的二维正态分布的概率密度函数和累积分布函数，期望值为0，方差为1，而相关系数为 ρ。类似地，可以计算 ρ_{10}，ρ_{01}，ρ_{00}，将这些概率取对数后加总，即得到对数似然函数。

四、样本基本特征

由表4-1可以看出，六成以上的被访者以农业为主要职业；务农年限在16年及以上的稻农超过样本总数的60%；近八成的被访稻农的身体状况健康。超过一半被访稻农的家庭年收入在4万元（不包括）以内，家庭年收入在10万元及以上的稻农仅占被访农户的3.33%。近九成的被访稻农没有参加过农业绿色生产技术培训，仅有不到10%的被访稻农参加过农业绿色生产技术培训；有接近80%的被访稻农没有加入农民专业合作社，只有20%左右的被访稻农加入了农民专业合作社。

表 4-1 受访者和样本稻农的基本特征描述

类型	选项	频数/人	占比/%	类型	选项	频数/人	占比/%
年龄	被访农户2018年时的年龄	—	—	家庭年收入	0～1.99万元	70	19.44
职业	纯农业	136	37.88		2万～3.99万元	117	32.5
	兼业但以农业为主	89	24.79		4万～5.99万元	70	19.44
	兼业但以非农业为主	134	37.33		6万～7.99万元	44	12.22
务农年限	1～15年	127	35.08		8万～9.99万元	47	16.06
	16～30年	118	32.60		10万元及以上	12	3.33
	31～45年	92	25.41	是否参加过农业绿色生产技术培训	否	323	89.97
	46年及以上	25	6.91		是	36	10.03
身体是否健康	否	75	20.89	是否加入农民合作社	否	286	79.01
	是	284	79.11		是	76	20.99

第三节 农户对农业绿色发展的认知与行为采纳影响因素的实证分析

一、变量定义及描述性统计结果

鉴于农业绿色发展内涵涉及资源节约、环境友好、生态保育和产品品质四个方面，本书采用多项选择的方式来评估农户对农业绿色发展的认知。农业绿色生产行为既包括采用绿色农药、采取保护性耕作措施，也包括回收农药和化肥的包装物。因此，本书同样采用多项选择的方法来评估农户采纳农业绿色生产行为的程度。具体的设计问题如表 4-2 所示。

表 4-2 因变量评估方法的问卷设计

因变量	问题设计	答项设计	因变量解释	因变量值
对农业绿色发展的认知	您认为农业绿色发展具有下列哪些作用？	①节约资源；②降低成本；③保育生态；④提高产量；⑤减少环境污染；⑥改善土壤质量；⑦生产绿色农产品；⑧更高效率	当农户选择 3 个或 3 个以下的选项时，认为农户对农业绿色发展缺乏认知，记为 0；当农户选择 4 个及 4 个以上选项时，认为农户对农业绿色发展具有一定程度的认知，记为 1	0=缺乏认知；1=有一定程度的认知
采纳农业绿色生产行为的程度	您家采用的灌溉技术是什么？	①传统灌溉技术；②管灌技术；③滴灌技术	当农户只选择选项 1 时，认为农户没有采纳农业绿色生产行为，记为 0；当农户选择选项 2 和（或）3、4 时，认为农户采纳农业绿色生产行为，记为 1	将这 8 个选项的 0~1 值相加，当结果为 3 及 3 以下时，认为农户农业绿色生产行为采纳程度较低，记为 0；当结果为 4 及 4 以上时，认为农户农业绿色生产行为采纳程度较深，记为 2
	您家施肥情况如何？	①只施化肥；②施化肥和有机肥；③只施有机肥		0=浅层次的农业绿色生产行为采纳；1=深层次的农业绿色生产行为采纳
	您家是否有采用绿色农药替代化学农药？	①否；②是		
	您家是否有采取保护性耕作技术以保护耕地？	①否；②是		
	您家的秸秆处置方式如何？	①焚烧或废弃；②做生活燃料、饲料或制沼气；③出售；④秸秆还田		
	您家是否有回收农药、化肥的废弃包装物？	①否；②是		
	您家是否有回收地膜？	①否；②是		
	您家是否有采取测土配方施肥技术？	①否；②是		

描述性统计分析结果显示，稻农对农业绿色发展认知的均值为 0.275，标准差为 0.447，采纳了深层次农业绿色生产行为的均值为 0.441，标准差为 0.497。这说明稻农普遍缺乏对农业绿色发展的认知，采纳深层次的农业绿色生产行为的稻农也占少数。解释变量的含义及描述性统计结果见表 4-3。

表 4-3 变量含义与描述性统计分析

特征类型	变量名称	变量含义及赋值	平均值	标准差
被访农户基本特征	年龄	被访稻农 2018 年时的年龄	51.848	11.750
	职业情况	纯农业 =1；兼业但以农业为主 =2；兼业但以非农业为主 =3	1.994	0.868
	务农年限	1～15 年 =1；16～30 年 =2；31～45 年 =3；46 年及以上 =4	2.041	0.939
	健康状况	否 =1；是 =2	1.791	0.407
被访农户家庭基本特征	收入水平	0～1.99 万元 =1；2 万～3.99 万元 =2；4 万～5.99 万元 =3；6 万～7.99 万元 =4；8 万～9.99 万元 =5；10 万元及以上 =6	2.769	1.414
	与村干部打交道的频繁程度	几乎没有 =1；比较少 =2；一般 =3；经常 =4；非常频繁 =5	2.309	1.037
生产经营特征	是否进行产地检测	否 =1；是 =2	1.179	0.384
	是否接受培训	否 =1；是 =2	1.100	0.301
	是否加入合作社	否 =1；是 =2	1.210	0.408
被访农户认知特征	对农业绿色发展前景的认知	"您认为农业绿色发展不可能实现。"非常不同意 =1；比较不同意 =2；一般 =3；比较同意 =4；非常同意 =5	2.672	0.916
	对农业绿色生产劳动强度的认知	"您认为采用农业绿色生产行为方式的劳动强度大。"非常不同意 =1；比较不同意 =2；一般 =3；比较同意 =4；非常同意 =5	3.260	0.978
	对农业废弃物资源化利用的认知	"您认为农业废弃物应该资源化利用。"非常不同意 =1；比较不同意 =2；一般 =3；比较同意 =4；非常同意 =5	3.845	0.740
	对掌握农业绿色生产技术的认知	"您认为您能轻易掌握农业绿色生产技术。"非常不同意 =1；比较不同意 =2；一般 =3；比较同意 =4；非常同意 =5	2.862	1.033

二、模型估计结果

本书运用 Stata14.0 软件对模型进行拟合，所得到的估计结果如表 4-4 所示。结果显示，模型的对数似然值为 –349.65，卡方值为 145.71，P 值为 0.000，模型在 1% 的统计水平上通过了显著性检验，P 为 0.257，在 1% 的统计水平上显著（陈强，2014）。这说明，稻农对农业绿色发展的认知与采纳深层次农业绿色生产行为之间存在一定的互补效应，即稻农对农业绿色发展的认知对其采纳深层次农业绿色生产行为具有积极影响。对原假设"$H_0: P = 0$"的 Wald 检验结果显示，P 值为 0.0184，说明应该采用双变量 Probit 模型进行参数估计。调查结果显示，对农业绿色发展具有一定程度认知的稻农，绝大多数采纳了程度较深的农业绿色生产行为；而在采纳农业绿色生产行为程度较浅的稻农中，有 79.8% 的稻农对农业绿色发展缺乏认知。

表 4-4 农户对农业绿色发展的认知及农业绿色生产行为采纳程度影响因素的双变量 Probit 估计结果

特征类型	解释变量	对农业绿色发展的认知 系数	标准误	采纳农业绿色生产行为程度 系数	标准误	边际效应 系数	标准误
被访农户基本特征	年龄	−0.027***	0.009	−0.018*	0.009	−0.005***	0.002
	职业情况	0.162	0.117	0.227**	0.105	0.042**	0.02
	务农年限	0.385***	0.122	0.236**	0.112	0.074***	0.021
	健康否	0.725***	0.25	0.399*	0.21	0.136***	0.041
被访农户家庭基本特征	收入水平	0.129**	0.062	0.107*	0.063	0.027**	0.011
	与村干部打交道的频繁程度	−0.021	0.086	0.182**	0.083	0.013	0.015
生产经营特征	是否进行产地检测	0.035	0.234	1.131***	0.24	0.103**	0.041
	是否接受培训	0.691**	0.295	0.102	0.288	0.097*	0.054
	是否加入农业专业合作社	0.036	0.235	0.546***	0.205	0.052	0.038

续表

特征类型	解释变量	对农业绿色发展的认知		采纳农业绿色生产行为程度		边际效应	
		系数	标准误	系数	标准误	系数	标准误
被访农户认知特征	对农业绿色发展前景的认知	−0.303***	0.111	−0.056	0.101	−0.047**	0.019
	对农业绿色生产劳动强度的认知	−0.025	0.098	−0.083	0.097	−0.011	0.018
	对农业废弃物资源化利用的认知	0.205*	0.114	0.027	0.11	0.031	0.02
	对掌握农业绿色生产技术的认知	−0.077	0.096	0.289***	0.087	0.014	0.016
	常数项	−2.533	1.009	−4.154	1.052	—	—

注：*、**、***分别表示在10%、5%和1%的统计水平上通过了显著性检验。

三、模型估计结果的分析

（一）被访农户基本特征的影响

年龄显著影响稻农对农业绿色发展的认知和采纳农业绿色生产行为的深度，且系数为负，与预期相同。这说明，年龄越大的农户对农业绿色发展有一定程度的认知的可能性越小，越不可能采纳深层次的农业绿色生产行为。统计分析结果显示，年龄变量的边际效应为0.005且在1%的统计水平上通过了显著性检验。这说明，稻农年龄每年长一岁，稻农对农业绿色发展有一定程度的认知并采纳深层次的农业绿色生产行为的概率将减少0.5%。

职业情况显著影响稻农采纳农业绿色生产行为的深度，且系数为正，与预期相符。这说明，非农业专业化程度越高的稻农越有可能采纳更深层次的农业绿色生产行为。统计分析结果显示，以纯农业为职业的稻农、兼业但以农业为主的稻农、兼业但以非农业为主的稻农采纳深层次农业绿色生产行为所占比例分别为31.62%、58.43%、45.52%，总体上呈倒"U"形递增趋势。但是，职业情况变量对稻农对农业绿色发展的认知影响不显著，但方向为正，可能的原因是样本量不够大。边际效应估计的结果显示，职业情况变量的边际效应为0.042且在5%的统计水平上通过了显著性检验。这说明，职业偏向非农业的程度每提升一个档次，稻农对农业绿色发展有一定程度认知并采纳深层次的农业绿色生产行为的可能性将提高4.2%。

务农年限、健康状况显著影响稻农对农业绿色发展的认知，且系数为正，与预期一致。这说明，务农年数越多的稻农越有可能对农业绿色发展具有一定程度的认知；相比于身体非健康的稻农，身体健康的稻农对农业绿色发展具有一定程度认知的可能性更大。统计分析结果显示，务农年限分别为1～15年、16～30年、31～45年、46年及以上的稻农中，对农业绿色发展具有一定程度认知的稻农所占的比例分别为33.07%、22.03%、22.83%、44.00%。在身体健康状况分别为不健康、健康的稻农中，对农业绿色发展具有一定程度认知的稻农比例分别为10.67%、32.04%，总体呈递增趋势。

务农年限和健康状况均显著影响稻农采纳深层次的农业绿色生产行为，且系数为正，说明务农年限越长的稻农越可能采纳深层次的农业绿色生产行为，这与张复宏等（2017）的研究结论一致。与身体非健康的稻农相比，身体健康的稻农采纳深层次农业绿色生产行为的可能性越大。统计分析结果显示，在身体健康的稻农中，采纳深层次农业绿色生产行为的稻农所占比例为47.18%，而在身体非健康的稻农中，这一比例下降到29.33%。

边际效应的估计结果显示，务农年限每上升一个层次，稻农对农业绿色生产行为有一定程度认知并采纳深层次农业绿色生产行为的可能性将会增加7.4%。而与身体不健康的稻农相比，身体健康的稻农对农业绿色发展有一定程度认知并采纳深层次农业绿色生产行为的可能性要高出13.6%。

（二）被访农户家庭基本特征的影响

从农户家庭基本特征的影响看，收入水平显著影响稻农对农业绿色发展的认知和采纳深层次农业绿色生产行为，且系数为正，与预期相符。这说明年收入水平越高的稻农越有可能对农业绿色发展具有一定程度的认知，稻农的年收入越高越有可能采纳深层次的农业绿色生产行为。统计分析结果显示，年收入水平分别为0～1.99万元、2万～3.99万元、4万～5.99万元、6万～7.99万元、8万～9.99万元、10万元及以上的稻农中，对农业绿发展具有一定程度认知的稻农所占的比例分别为22.86%、29.06%、18.57%、18.18%、42.55%和66.67%，采纳深层次农业绿色生产行为的农户所占比例分别为32.86%、35.04%、51.43%、56.81%、53.19%和83.33%。边际效应估计的结果显示，收入水平的边际效应为0.027且在5%的统计水平上通过了显著性检验。这说明，稻农的收入水平每上升一个层次，稻农对农业绿色发展具有一定程度认知并采纳深层次农业绿色生产行为的概率将增加2.7%。

与村干部打交道的频繁程度，显著影响稻农采纳深层次的农业绿色生产行为，且系数为正，与预期一致；但是对稻农对农业绿色发展的认知影响不显著，且系数为负。这可能与样本稻农同村干部的接触频繁程度普遍偏低有关。统计分析结果显示，在对农业绿色发展有一定程度认知的稻农中，只有17%的稻农经常或者非常频繁地与村干部打交道。

（三）生产经营特征的影响

是否进行产地检测显著影响稻农采纳深层次的农业绿色生产行为，且系数为正，与预期一致；但是对稻农对农业绿色发展存在一定程度的认知影响不显著，可能的原因是样本稻农中进行过产地检测的比例非常小。统计分析结果显示，对农业绿色发展有一定程度认知的稻农中，仅有20%的稻农进行了产地检测。而在采纳深层次农业绿色生产行为的稻农中，有33.75%的稻农的耕地进行过产地检测。是否进行产地检测变量的边际效应为0.103，并且在5%的统计水平上通过了显著性检验，说明与没有进行产地检测的稻农相比，进行过产地检测的稻农对农业绿色发展有一定程度的认知并采纳深层次的农业绿色生产行为的可能性要高出10.3%。统计分析结果显示，在没有进行过产地检测的样本稻农当中，对农业绿色发展具有一定程度认知的稻农占26.85%，采纳深层次农业绿色生产行为的稻农占35.57%。在进行过产地检测的样本稻农当中，对农业绿色发展具有一定程度认知的稻农上升到30.77%，采纳深层次农业绿色生产行为的稻农上升到83.77%。

是否参加过农业绿色生产技术培训，显著影响稻农对农业绿色发展的认知，且系数为正，与预期一致；对稻农采纳深层次农业绿色生产行为的影响虽不显著，但是方向为正。这说明，与没有参加过农业绿色生产技术培训的稻农相比，参加过农业绿色生产技术培训的稻农越有可能对农业绿色发展有一定程度的认知。边际效应估计的结果显示,是否参加过农业绿色生产技术培训变量,对稻农对农业绿色发展有一定程度的认知并采纳深层次的农业绿色生产行为具有显著正向影响。与未参加过农业绿色生产技术培训的稻农相比,参加过农业绿色生产技术培训的稻农,对农业绿色发展有一定程度的认知并采纳深层次的农业绿色生产行为的可能性要高出11.5%。

是否加入农民专业合作社,对稻农采纳深层次的农业绿色生产行为具有显著影响,且系数为正,与预期一致。在未加入合作社的稻农中,采纳深层次的农业绿色生产行为的稻农比例为37.41%;而在加入农民合作社的稻农中,采纳深层次的农业绿色生产行为的稻农比例上升为68.42%,呈递增的趋势。

(四)被访农户的认知特征变量

对农业绿色发展前景的认知,显著影响稻农对农业绿色发展的认知,并且系数为负,与预期一致;对稻农采取深层次的农业绿色生产行为的影响虽不显著,但是方向为负。这说明,越认为农业绿色发展不可能实现的稻农,越倾向于对农业绿色发展缺乏认知。边际效应估计结果显示,对农业绿色发展前景的认知变量的边际效应为0.047,且在5%的统计水平上通过了显著性检验。这说明,对农业绿色发展不能实现的认知每强化一个层次,稻农对农业绿色发展缺乏认知并不采纳深层次的农业绿色生产行为的可能性将增加4.3%。

对农业废弃物资源化利用的认知,显著影响稻农对农业绿色发展的认知,并且系数为正,与预期相符。统计分析结果显示,在非常不同意农业废弃物应该资源化利用的稻农、比较不同意农业废弃物应该资源化利用的稻农、观点中立的稻农、比较同意农业废弃物应该资源化利用的稻农、非常同意农业废弃物应该资源化利用的稻农中,对农业绿色发展具有一定程度认知的比例分别为0、22.22%、16.33%、29.47%、41.27%,总体上呈"N"形递增的趋势。

对掌握农业绿色生产技术的认知,显著影响稻农采纳深层次的农业绿色生产行为,并且系数为正,与预期一致;对稻农的农业绿色发展认知的影响不显著且方向为负,可能的原因是目前稻农对农业绿色生产技术还不太了解。统计分析结果显示,有41.16%的被访稻农认为,即使通过简单的培训或者讲解,也不能或不太可能轻易地掌握农业绿色生产技术。

对农业绿色生产劳动强度的认知，对农业绿色发展的认知和对采纳深层次的农业绿色生产行为的影响均不显著，可能的原因是稻农普遍认为农业生产劳动强度大。在样本稻农中，不同意或者非常不同意农业绿色生产劳动强度大、一般、同意或者非常同意农业绿色生产劳动强度大的比例分别为24.31%、33.43%、42.26%，呈明显递增的趋势。

第四节 结论和政策启示

本书利用江西省6个县（市）363户稻农的调查数据，运用双变量Probit模型分析了影响稻农对农业绿色发展的认知和采纳深层次农业绿色生产行为的因素。研究结果表明，在被调查地区中72.45%的稻农对农业绿色发展缺乏认知，采纳深层次农业绿色生产行为的稻农也仅占44.08%；稻农对农业绿色发展的认知与其采纳深层次的农业绿色生产行为之间存在相关关系。进一步的回归结果显示，年龄偏低、务农年限偏长、身体健康、收入水平越高的稻农，对农业绿色发展有一定程度的认知并采纳深层次农业绿色生产行为的概率越高。此外，兼业、与村干部打交道越频繁、耕地进行了产地检验、加入农民合作社，以及认为通过简单的培训或者讲解就可以轻易掌握农业绿色生产技术的稻农，越有可能采纳深层次的农业绿色生产行为。

基于研究结果，本书得出以下结论：稻农对农业绿色发展的认知与采纳深层次农业绿色生产行为之间存在相关关系。年龄偏低、务农年限偏长、身体健康、收入水平越高的稻农，对农业绿色发展有一定程度的认知并采纳深层次农业绿色生产行为的概率更高。此外，兼业、与村干部打交道越频繁、耕地进行了产地检验、加入农民合作社，以及认为通过简单的培训或者讲解就可以轻易掌握农业绿色生产技术的稻农，越有可能采纳深层次的农业绿色生产行为。

上述研究结论对大力培育专业大户、家庭农场等新型农业经营主体、支持农民创新创业、推进农业补贴政策转型、增加农民转移性收入等一系列良好做法的推行提供了一定依据。本研究在改善稻农农业绿色生产行为方面的政策启示如下：第一，政府应加快农村劳动力分化，促进农村劳动力专业化,转变吸纳农村劳动力非农就业的方式,并加快发展农村第二产业、第三产业,实现第一产业、第二产业、第三产业融合发展,有效拓展农业外部增收空间。第二,各级人民政府农业主管部门应当继续严格执行《耕地质量调查检测与评价办法》,对本行政区域内耕地质量进行调查、监测与评价。第三,通过鼓励和支持农民成立农民专业合作社,促进稻农更多地采纳农业绿色生产行为。

第五章

农户有机肥替代化肥农业补贴标准受偿意愿的发生机制分析

本章基于江西省 6 县（市）363 户稻农问卷调查数据，首先，采用条件价值评估方法评估稻农有机肥替代化肥的农业补贴受偿意愿；其次，运用有序 Logit 模型确定稻农有机肥替代化肥农业补贴受偿意愿的影响因素；再次，运用 ISM 模型确定各影响因素之间的关联关系和层次；最后，根据实证研究结果得出本章的研究结论和政策启示。

第一节 引 言

化肥是一种重要的土地替代型投入要素，对增加我国粮食产量起到了举足轻重的作用。改革开放以来，我国化肥施用总量由 1978 年的 884 万吨上升到了 2016 年的 5 984 万吨，年均增加 130 万吨，化肥施用强度远超世界平均水平。高强度施用化肥会给农业生态环境造成巨大的压力，造成严重的农业面源污染，导致农业土壤肥力下降、农业水体受到严重污染、温室气体排放等问题。但是，随着我国经济的快速发展和人民生活水平的提高，人们对肉类、奶制品及蛋类的需求不断上升，而且不仅是数量上的需求，更有质量上的需求，这也促使我国畜禽养殖业的加速发展。与此同时，由畜禽养殖业带来的畜禽粪污给我国农业环境和生态系统造成了巨大的压力。有关数据显示，我国畜禽粪便的产量是工业固体废弃物的 2.4 倍。此外，农村畜禽养殖是造成我国水体富营养化的主要原因之一，其污染程度远远超过城市生活污水和工业废弃物排放。畜禽粪污中还存在一定程度的有毒物质，一些有毒物质会残留在人类所食用的食物、水、土壤和空气中，严重危害人类的健康和可持续发展，制约我国农业和农村的可持续发展。

科学研究已经表明，畜禽粪便作为有机肥的原料是一种非常宝贵的资源。通过合理的措施使有机肥替代化肥，不仅能缓解畜禽粪便给农业环境带来的巨大压力，而且可以减少化肥施用量，有利于增加土壤有机质含量，提高土壤肥力，保护农业生态环境。此外，有机肥的成本普遍低于化肥，施用有机肥还可以降低农业生产成本，进而帮助农民增收。我国已经多年推进商品有机肥替代化肥的农业实践工作。

20世纪80年代末，我国开始开放化肥市场。随后，全国各地便开启了盲目施肥的农业经营模式。江西省也普遍存在盲目施肥现象，不仅导致农民多掏腰包，过剩的化肥还容易造成耕地酸化、板结，造成地力衰退。近年来，随着现代生态农业、低碳农业、有机环保，特别是绿色农业等概念的兴起，在国家政策的支持下，江西省大力推广有机肥替代化肥实践。目前，江西省在南昌县、修水县（茶叶）、南丰县、渝水区、信丰县、赣县区六个试点县（市、区）进行有机肥替代化肥试点，截至2017年年底，这6个试点县（市、区）的有机肥替代化肥技术模式基本形成。这些试点县（市、区）大力推广有机肥替代化肥及化肥减量增效集成技术。据示范县（市、区）有关统计测算表明，2017年江西省茶叶示范区有机肥施用量比2016年增加33%，而化肥使用量比2016年减少18%；柑橘示范区有机肥施用量比2016年增加31%，化肥施用量比2016年减少21.6%；6个示范县（市、区）均实现了化肥使用量零增长。此外，由于减少了化肥的使用，取而代之的是施用更多的有机肥，耕地土壤有机质含量提高了5%以上，有效缓解了土壤贫瘠化、酸化问题。

然而，试点县（市、区）之外其他农户的有机肥替代化肥采纳程度如何？哪些因素会影响和制约农民对商品有机肥的采用？农业补贴在多大程度上能够促进农民采纳有机肥替代化肥的行为？农民对农业补贴促进有机肥替代化肥行为采纳的激励标准的心理预期如何？只有弄清这些问题，才能客观地评价商品有机肥的推广效果，判断农户需求的发展趋势，从而从根本上改善有机肥深入推广工作。基于此，本书拟解决的问题包括水稻种植农户是否具有采纳有机肥替代化肥的意愿？哪些因素影响稻农采纳有机肥替代化肥？这些影响因素是通过何种机制发生作用的？下面将通过对江西省农户的问卷调查，首先运用Logit模型确定影响稻农有机肥替代化肥采纳意愿的因素（胡琴心等，2018；岳良文等，2017），再运用解释性结构模型（Interpretative Structural Modeling，ISM）进一步分析这些影响因素之间的相互作用关系和层级结构，旨在厘清稻农有机肥替代化肥采纳意愿的内在发生机制，为改善稻农的绿色生产行为、促进我国农业绿色发展提供参考与借鉴（耿士威等，2018）。

第二节 概念界定与研究假设

一、农户有机肥替代化肥

本书所述的有机肥是指商品有机肥，是将畜禽粪便、粉碎的秸秆等传统的"农业废弃物"按照一定的比例混合均匀，然后加入生物菌剂，经过生物发酵、除臭等工艺制成的肥料（杨泳冰等，2012）。这种经过工业加工制成的有机肥与传统的有机肥相比，具有体积小、养分含量高、运输便捷等优点。

二、研究假设

借鉴已有研究成果，结合农业绿色发展的概念和内涵，将稻农的有机肥替代化肥农业补贴标准受偿意愿的影响因素概括为个人特征变量、家庭特征变量、生产经营特征变量、社会网络特征变量、认知特征变量和满意度特征变量六个方面。

（一）个人特征变量

现有大多数研究表明，男性进取心强、获取信息的能力强。相比女性，男性对于采纳有机肥替代化肥愿意接受的农业补贴标准更高（姜健等，2017；姚科艳等，2018）。但是，该结论并没有得到诸如葛颜祥等（2009）的研究的支持。本书认为，在中国"男权"主义思想尚较严重的现实背景下，女性更趋向于求稳，因此性别对稻农有机肥替代化肥农业补贴标准接受意愿的预期影响为正，即男性意愿接受的有机肥替代化肥农业补贴水平高于女性。一般认为，年龄越大，稻农的体力、精力越差，而且随着年龄的增加，稻农的收入渠道减少，收入水平降低，因此更愿意接受较低水平的有机肥替代化肥农业补贴。年龄对稻农有机肥替代化肥农业补贴水平接受意愿的影响的预期为负。通常认为，受教育程度越高的稻农学习能力更强，接受新鲜事物的能力更强，收入来源更多元化，需要更高水平的农业补贴来激励其采用有机肥替代化肥。因此，受教育程度对稻农有机肥替代化肥农业补贴标准接受意愿的预期作用方向为正。

（二）家庭特征变量

务农年限越长，稻农积累的经验越丰富，对改变传统的施用化肥为施用有机肥对农作物减产的影响把握越准确，实施起来阻力更大。另外，我国南方稻农家庭经营的稻田规模普遍较小，随着新型城镇化的推进，继续在农村种田的稻农的收入水平普遍偏低、收入来源也较单一，务农年限越长的稻农对有机肥替代化肥农业补贴接受的意愿水平更高，即需要更高水平的农业补贴才能激励务农年限越长的稻农采用有机肥替代化肥。一般而言，收入越高、稻农投资有机肥的资金能力越强的家庭，比家庭收入水平低的家庭更愿意接受更低水平的有机肥替代化肥的农业补贴。因此，家庭收入水平对稻农有机肥替代化肥农业补贴标准接受意愿的预期影响为负。

（三）生产经营特征变量

上一年获得过农业补贴的稻农越有可能对农业补贴有所认知，对政府更加信任，越有可能接受较低水平的有机肥替代化肥农业补贴。上一年农业补贴占种粮投入的比重越大，说明稻农对农业补贴的依赖更大，越倾向预期获得更高水平的有机肥替代化肥补贴以实施有机肥替代化肥行动。因此，上一年是否获得农业补贴，对稻农接受较低水平的有机肥替代化肥补贴的预期影响为正；而上一年稻农获得的农业补贴占种粮投入的比重，与稻农有机肥替代化肥农业补贴标准的接受意愿的预期影响为正。耕地距离稻农的房子越远，稻农越不愿意采用有机肥替代化肥，因此耕地距离稻农房子的远近正向影响稻农接受农业补贴水平的意愿，即耕地距离稻农的房子越远，稻农越能够接受更高水平的农业补贴以采用有机肥替代化肥。与主要种植粮食作物的稻农相比，主要种植经济作物的稻农对农业的经济依赖越大，越愿意投入更多的资金、时间和精力去改善农业生产行为，因而更可能愿意接受较低水平的有机肥替代化肥补贴。严格的产地检测将会及时发现不符合质量要求或不适宜耕作的耕地，并阻止稻农继续耕作。因此，与没有进行产地检测的稻农相比，进行过产地检测的稻农更有可能接受较低水平的有机肥替代化肥补贴。加入农民合作社的稻农在购买生产资料和销售产品等环节具有更强的议价能力，更可能预期获得较高的农业补贴以实施有机肥替代化肥行动（李英等，2013）。因此，是否加入农民合作社对稻农有机肥替代化肥补偿意愿的预期影响为正。

（四）社会网络特征变量

村干部对国家政策了解得比较清楚，通常也是一个村里知晓国家政策最早、最全面的人群。经常与村干部接触的稻农更可能了解耕地保护补贴政策，其接受较低水平的农业补贴以采纳有机肥替代化肥的意愿也更强（耿宇宁等，2017；贺志武等2018；王格玲等，2015）。因此，经常接触村干部与稻农有机肥替代化肥农业补贴标准受偿意愿的预期作用方向为负。

（五）认知特征变量

越认为绿色农产品有利于健康的稻农，越愿意接受较低水平的农业补贴以采用有机肥替代化肥。对耕地保护补贴政策越有了解的稻农，越有可能对实施有机肥替代化肥抱有积极的态度，越愿意接受较低水平的有机肥替代化肥补贴（郭利京，2018）。有学者认为，有机肥替代化肥产生的费用该由政府承担的稻农越有可能抵制施用有机肥，所以越需要更高的农业补贴以激励稻农实施有机肥替代化肥。因此，对绿色农产品的认知对稻农有机肥替代化肥农业补贴标准受偿意愿的预期影响为负，对耕地保护补贴的认知对稻农有机肥替代化肥补贴水平受偿意愿的预期影响为负，有机肥替代化肥产生的费用应该由政府承担的认知，对稻农接受有机肥替代化肥补贴水平意愿的预期影响为正。

（六）满意度特征变量

一般而言，对农业补贴政策越满意的农户，越愿意接受新推出的农业补贴政策（王昌海，2014；王常伟等，2013），因此稻农对农业补贴政策越满意，对新的农业补贴政策的抵抗态度就会越弱，即对农业补贴政策的满意程度预期负向影响稻农有机肥替代化肥农业补贴标准受偿意愿。

第三节　研究方法与变量说明

一、研究方法

（一）条件价值评估法

条件价值评估法（Contingent Valuation Method，CVM）又称意愿价值评估法。该方法基于希克斯消费者剩余理论，主要通过构建假想市场，并采用调查问卷形式了解人们对生态环境保护的最大支付意愿或对赔偿生态环境受损的最小接受意愿（葛颜祥等，2009；刘军弟等，2012）。本书拟采用条件价值评估法中的两项选择法来调查江西省6个县（市）水稻种植户的有机肥替代化肥的农业补贴意愿受偿水平。为了验证上述假说，本书在问卷过程中采用了半开放式问题。在进入决策之前，本书设计了一个典型的"廉价对话"（Cheap Talk），向调查对象介绍了调查过程中可能存在的"假想偏差"（Hypothetical Bias），并要求调查对象承诺如实汇报其受偿意愿（杨钰蓉等，2018）。该"廉价对话"在多项研究中被认为可以有效降低条件价值评估方法中的"假想偏差"。

本书将稻农有机肥替代化肥农业补贴标准受偿意愿的问题情境设定为："假设促进农业绿色发展完全是政府的责任，因此，为了鼓励农户自愿参与农业绿色发展的工作中，政府会向农户发放一定的补贴。"设定此情境以后，具体的问题如下："如果政府发放有机肥替代化肥补贴，您是否愿意采用有机肥替代化肥？"如果稻农选择"否"，则要求稻农给出原因；如果选择"是"，则要求稻农继续回答："如果政府发放有机肥替代化肥补贴，您愿意接受的最低补贴标准是多少？"。其选项包括0～100元/(年·亩)；101～200元/(年·亩)；201～300元/(年·亩)；301～400元/(年·亩)；401～500元/(年·亩)；501～600元/(年·亩)；601～700元/(年·亩)；701～800元/(年·亩)；800元/(年·亩)以上，请填写具体金额及不接受补贴或拒绝回答10个选项。

（二）有序Logit模型

本书研究选取有序Logit模型来分析稻农有机肥替代化肥农业补贴标准接受意愿的影响因素（王霞等，2013），具体模型如下：

$$P(y=j/X_i) = \frac{1}{1+\exp(-(\alpha+\beta X_i))} \quad (5-1)$$

式（5-1）中，y表示稻农有机肥替代化肥农业补贴标准接受意愿；给y赋值（$j=0, 50, \cdots, n$），n表示稻农愿意接受的有机肥替代化肥农业补贴水平；x_i表示影响稻农有机肥替代化肥补贴水平接受意愿的第i个因素（$i=1, 2, \cdots, m$）；m表示影响因素的个数。建立累积模型：

$$\text{Logit}(P_j) = \ln[P(y \leq j)/P(y \geq i+1)] = -\alpha_j + \beta X \quad (5-2)$$

式（5-2）中，P_j是稻农有机肥替代化肥意愿受偿标准属于某一水平的概率，$P_j=P(y=j)$，$j=0, 50, 150, 250, 350, 450, 550, 650, 750$；（$X_1, X_2, \cdots, X^\tau_m$）表示一组自变量；是模型的截距；是一组对应的回归系数。在得到和的参数估计后，某种特定情况发生的概率就可以通过式（5-3）得到式（5-2）的估计结果：

$$P(y=j/X_i) = \frac{\exp(\alpha_i+\beta X_i)}{1+\exp(-(\alpha_j+\beta X))} \quad (5-3)$$

本书利用Stata14.0软件对式（5-3）进行拟合。首先考虑所有的变量对式（5-3）进行估计，然后依据相伴概率值，采用反向筛选法逐渐剔除不显著的变量，直到所有变量均在10%的统计水平上显著。

（三）ISM 方法

解释结构模型法（Interpretative Structural Modeling Method，ISM）方法是现代系统工程的分析方法，主要用于研究系统的结构构成、层次状况及识别系统的关键因素和各关键因素之间的层次结构。这种方法在制订企业计划和城市规划中经常被用到（丁容、陆伟刚，2010）。

根据 ISM 方法的原理，稻农有机肥替代化肥农业补贴标准受偿意愿受到很多因素的影响，各影响因素不仅独立地对稻农有机肥替代化肥农业补贴标准受偿意愿产生影响，而且相互之间也可能相互影响、相互作用，进而形成复杂、交叉、层次及阶梯状的影响结构。因此，本书借助 ISM 方法，通过构建有向发生链，识别水稻种植农户有机肥替代化肥采纳意愿的影响因素之间的层级结构，深入解构水稻种植农户有机肥替代化肥采纳意愿的内在发生机制（周玉新等，2018）。ISM 方法的分析流程包括"五步"：第一，确定影响因素间的逻辑关系；第二，确定影响因素间的邻接矩阵；第三，确定影响因素间的可达矩阵；第四，依次确定从最高层到最底层各层所含的因素；第五，在以上四步的基础上，确定影响因素间的层次结构（童洪志等，2018；王火根等，2018）。

若利用 Logit 模型识别出的稻农有机肥替代化肥农业补贴标准采纳意愿的影响因素有 k 个，则用 S_i（$i=1, 2, \cdots, k$）表示这些影响因素，并根据式（5-4）定义邻接矩阵 R 中的元素 r_{ij}：

$$r_{ij} = \begin{cases} 1 & S_i \text{ 对 } S_j \text{ 有影响时} \\ 0 & S_i \text{ 对 } S_j \text{ 无影响时} \end{cases} \quad (5\text{-}4)$$

式（5-4）中 $i, j=1, 2, \cdots, k$。再通过邻接矩阵 R 及式（5-5）计算可达矩阵 M：

$$M = (R+I)^{\lambda+1} = (R+I)^{\lambda} \neq (R+I)^{\lambda-1} \neq \cdots \neq (R+I)^2 \neq (R+I) \quad (5\text{-}5)$$

式（5-5）中，$2 \leq \lambda \leq k$，I 为单位矩阵，矩阵的幂运算采用布尔运算法则。

从最高层到最底层各层所含的因素可以根据式（5-6）来确定：

$$L = \{S_i | P(S_i) \cap Q(S_i) = P(S_i)\} \quad (5\text{-}6)$$

式（5-6）中，$i=1, 2, \cdots, k$，$P(S_i)$ 表示可达矩阵 M 中要素 S_i 所对应的一行中包含有"1"的矩阵元素所对应的列要素集合，$Q(S_i)$ 表示可达矩阵 M 中要素对应的一行中包含有"1"的矩阵元素所对应的行要素集合。

利用式（5-6）确定最高层（L_1）所含的因素后，按照从高到低的顺序，依次逐步地确定各层所包含的因素。其他层所含因素的确定方法：删去原可达矩阵 M 中最高层（L_1）所对应的行与列，得到可达矩阵 M_1，利用式（5-6）基于 M_1 进行计算得到第二层因素 L_2；再删去可达矩阵 M_1 中第二层因素 L_2 所对应的行与列，得到可达矩阵 M_2，再利用式（5-6）基于 M_2 进行计算得到第三层因素 L_3；以此类推，得到所有层所含的因素。最后，用有向边连接同一层级相邻层次的因素，得到稻农有机肥替代化肥农业补贴标准受偿意愿影响因素的层级结构，并探索农户有机肥替代化肥农业补贴标准受偿意愿的发生机制。

二、变量说明

根据研究假说，将稻农有机肥替代化肥农业补贴标准接受意愿的影响因素归结为6类17个变量，详见表5-1。

表5-1 变量说明和描述性统计分析

	变量名称	变量含义	均值	标准差	预期影响
受访者及其家庭的基本特征	性别	女=1；男=2	1.686	0.465	+
	年龄	农户实际年龄（岁）	51.848	11.750	-
	受教育程度	没上过学=1；小学=2；初中=3；高中或中专=4；大专及以上=5	2.398	0.869	+
	家庭特征变量				
	务农年限	1～15年=1；16～30年=2；31～45年=3；46年及以上=4	2.041	0.939	+
	家庭年收入	0～1.99万元=1；2万～3.99万元=2；4万～5.99万元=3；6万～7.99万元=4；8万～9.99万元=5；10万元及以上=6	2.769	1.414	-
生产经营基本特征	去年是否得过农业补贴	否=1；是=2	1.679	0.468	-
	去年农业补贴与种粮投入的比重	0～20%=1；20%～40%=2；40%～60%=3；60%～80%=4；80%～100%=5	1.487	0.734	+

续表

变量名称		变量含义	均值	标准差	预期影响
生产经营基本特征	耕地距离房子的远近程度	非常近=1；比较近=2；一般=3；比较远=4；非常远=5	2.887	0.641	+
	主要种植粮食作物还是经济作物	粮食作物=1；经济作物=2	1.215	0.418	-
	是否进行产地检测	否=1；是=2	1.179	0.384	-
	是否加入合作社	否=1；是=2	1.210	0.408	
	社会资本基本特征				
	与村干部打交道的频繁程度	几乎没有=1；比较少=2；一般=3；经常=4；非常频繁=5	2.309	1.037	-
认知特征	对绿色农产品的认知	您认为绿色农产品更有利于健康吗？非常不同意=1；比较不同意=2；一般=3；比较同意=4；非常同意=5	4.025	0.683	-
	对耕地保护补贴的认知	您了解耕地保护补贴政策的具体内容吗？完全不了解=1；比较不了解=2；一般=3；比较了解=4；非常了解=5	2.320	0.839	
	对有机肥替代化肥技术的认知	您认为通过简单地培训或讲解，您就可以轻易掌握有机肥替代化肥的技术吗？非常不同意=1；比较不同意=2；一般=3；比较同意=4；非常同意=5	2.862	1.033	-
	对农业绿色生产行为造成的费用由政府承担的认知	您认为采用有机肥替代化肥产生的费用或者造成的损失应该由政府来负担吗？非常不同意=1；比较不同意=2；一般=3；比较同意=4；非常同意=5	3.809	0.884	+
满意度特征	对农业补贴政策的满意度	您同意过量施肥会降低地力吗？非常不同意=1；比较不同意=2；一般=3；比较同意=4；非常同意=5	2.815	0.890	-

农户视角下我国农业绿色发展机制研究

102

第四节 估计结果与讨论

一、估计结果

（一）农户有机肥替代化肥的农业补贴标准接受水平

由于本次问卷中用于估算稻农农业补贴受偿额度的选项属于区间值，根据统计学原理，借鉴何可等（2013）、葛继红等（2017）的做法，本书用各区间的中值代替稻农的有机肥替代化肥农业补贴接受额度，对于"800元/（年·亩）"这一区间，采用调查中出现频率最高的"800元"作为替代，将选择"不接受补贴或拒绝回答"样本的受偿意愿记为零值。根据调查得到稻农有机肥替代化肥农业补贴接受额度的分布情况，如表5-2所示。在被调查者中，有97.24%的稻农愿意接受一定金额的农业补贴作为采用有机肥替代化肥的激励。

表5-2 受访农户对有机肥替代化肥补贴水平的接受意愿分布情况

WTA/元	WTA值/元	频数/户	比例/%
不接受补贴或拒绝回答	0	10	2.76
0～100	50	10	2.76
101～200	150	91	25.14
201～300	250	91	25.14
301～400	350	55	15.19
401～500	450	22	6.08
501～600	550	56	15.47
601～700	650	10	2.76
701～800	750	12	3.32
800以上	800	5	1.38

（二）农户有机肥替代化肥农业补贴标准接受意愿影响因素

采用Stata14.0计量分析软件对363份稻农调查问卷进行了有序Logit回

归分析。首先，将影响稻农有机肥替代化肥农业补贴受偿水平接受意愿的 17 个变量全部考虑在内，估计结果如表 5-3 中的模型一所示。再根据 P 值，逐步剔除不显著变量，直至剩余的变量在 10% 的显著性水平上统计显著，得到表 5-3 中的模型二，包含 12 个变量，分别为农户的年龄、受教育程度、务农年限、家庭年收入、上一年农业补贴与种粮投入的比重、耕地距离房子的远近程度、是否加入农民合作社、与村干部打交道的频繁程度、对绿色农产品的认知、对耕地保护补贴的认知、对有机肥替代化肥技术的认知、对有机肥替代化肥产生的费用更应该由政府承担的认知，以及对农业补贴政策的满意度。表 5-3 是稻农有机肥替代化肥农业补贴水平受偿意愿影响因素的有序 Logit 模型回归结果。

表 5-3　农户有机肥替代化肥农业补贴水平受偿意愿影响因素的有序 Logit 模型回归结果

变量名称	模型一 回归系数	模型一 Z统计量	模型一 概率	模型二 回归系数	模型二 Z统计量	模型二 概率
性别	0.3617	1.51	0.132	—	—	—
年龄	−0.0456***	−3.77	0.000	−0.0419***	−3.69	0.000
受教育程度	0.2706**	2.00	0.046	0.2660**	2.13	0.033
务农年限	0.4662***	3.26	0.001	0.4871***	3.52	0.000
家庭年收入	−0.2727***	3.11	0.002	−0.2141***	−2.66	0.008
上一年是否得过农业补贴	−0.3036	−1.27	0.204	—	—	—
上一年农业补贴与种粮投入的比重	0.5564***	3.48	0.000	0.5789***	3.79	0.000
耕地距离房子的远近程度	0.4544***	2.63	0.009	0.4375***	2.67	0.008
主要种植粮食作物还是经济作物	−0.4009	−1.51	0.130	—	—	—
是否进行产地检测	−0.2221	−0.70	0.485	—	—	—
是否加入农民合作社	0.8602***	3.01	0.003	0.8132***	3.04	0.002
与村干部打交道的频繁程度	−0.3092**	−2.51	0.012	−0.3775***	−3.28	0.001
对绿色农产品的认知	−0.2365	−1.40	0.161	—	—	—
对耕地保护补贴的认知	0.2256*	1.71	0.087	0.2891**	2.25	0.025
对有机肥替代化肥技术的认知	−0.4811***	−4.04	0.000	−0.5021***	−4.61	0.000
对农业绿色生产行为造成的费用由政府承担的认知	0.8812***	6.30	0.000	0.9436***	7.06	0.000
对农业补贴政策的满意度	−0.2401*	−1.83	0.067	−0.2338*	−1.93	0.053
Pseudo R_2	0.1507			0.1371		
Prob（LR statistic）	0.000			0.000		

注：*、**、*** 分别表示在 10%、5% 和 1% 的水平上统计显著

（三）农户有机肥替代化肥农业补贴标准接受意愿影响因素的关联层次结构

用 S_0、S_1、S_2、S_3、S_4、S_5、S_6、S_7、S_8、S_9、S_{10}、S_{11}、S_{12} 分别表示稻农有机肥替代化肥农业补贴标准受意愿、年龄、受教育程度、务农年限、家庭年收入、上一年农业补贴与种粮投入的比重、耕地距离房子的远近程度、是否加入农民合作社、与村干部打交道的频繁程度、对绿色农产品的认知、对耕地保护补贴的认知、对有机肥替代化肥技术的认知、对有机肥替代化肥产生的费用更应该由政府承担的认知，以及对农业补贴政策的满意度。根据专家和学者的判断，作出意愿与影响因素及影响因素相互间的逻辑关系图（图5-1）。其中，"A"表示列因素对行因素有影响，"V"表示行因素对列因素有影响。

A	A	A	A	A	A	A	A	A	A	A	A	S_0
V	V	V	V	0	0	0	0	0	0	0	S_1	
V	V	V	0	0	0	0	0	V	0	S_2		
V	V	V	0	0	0	0	0	0	S_3			
0	0	V	0	A	A	0	0	S_4				
0	0	V	0	0	0	0	S_5					
V	0	V	0	0	0	S_6						
0	V	V	0	0	S_7							
0	V	V	0	S_8								
0	A	0	S_9									
0	0	S_{10}										
0	S_{11}											
S_{12}												

图 5-1　农户有机肥替代化肥农业补贴标准接受意愿影响因素间的逻辑关系图

根据图 5-1 和式（5-4），可得要素间的邻接矩阵 $\boldsymbol{R}$（略），再根据式（5-5）并通过 Matlab 14.0 软件由邻接矩阵计算可达矩阵 $\boldsymbol{M}$，详见式（5-7）。根据可得到矩阵，通过式（5-5）和式（5-6）首先得到顶层要素集 $L_1=\{S_0\}$，然后依次得到第二、第三和第四层的要素，分别是 $L_2=\{S_9, S_{10}\}$，$L_3=\{S_4, S_5, S_6, S_{11}, S_{12}\}$，$L_4=\{S_1, S_2, S_3, S_7, S_8\}$。

$$M = \begin{array}{c} S_0 \\ S_1 \\ S_2 \\ S_3 \\ S_4 \\ S_5 \\ S_6 \\ S_7 \\ S_8 \\ S_9 \\ S_{10} \\ S_{11} \\ S_{12} \end{array} \begin{bmatrix} 1 & 0 & 0 & 0 & 0 & 0 & 0 & 0 & 0 & 0 & 0 & 0 & 0 \\ 1 & 1 & 0 & 0 & 0 & 0 & 0 & 0 & 0 & 1 & 1 & 1 & 1 \\ 1 & 0 & 1 & 0 & 1 & 0 & 0 & 0 & 0 & 1 & 1 & 1 & 1 \\ 1 & 0 & 0 & 1 & 0 & 0 & 0 & 0 & 0 & 1 & 1 & 1 & 0 \\ 1 & 0 & 0 & 0 & 1 & 0 & 0 & 1 & 1 & 0 & 1 & 0 & 0 \\ 1 & 0 & 0 & 0 & 0 & 1 & 0 & 0 & 0 & 1 & 1 & 1 & 0 \\ 1 & 0 & 0 & 0 & 0 & 0 & 1 & 0 & 0 & 0 & 1 & 0 & 1 \\ 1 & 0 & 0 & 0 & 0 & 0 & 0 & 1 & 0 & 0 & 1 & 1 & 0 \\ 1 & 0 & 0 & 0 & 0 & 0 & 0 & 0 & 1 & 0 & 1 & 1 & 0 \\ 1 & 0 & 0 & 0 & 0 & 0 & 0 & 0 & 0 & 1 & 0 & 1 & 0 \\ 1 & 0 & 0 & 0 & 0 & 0 & 0 & 0 & 0 & 0 & 1 & 0 & 0 \\ 1 & 0 & 0 & 0 & 0 & 0 & 0 & 0 & 0 & 0 & 0 & 1 & 0 \\ 1 & 0 & 0 & 0 & 0 & 0 & 0 & 0 & 0 & 0 & 0 & 0 & 1 \end{bmatrix}$$

（5-7）

$$N = \begin{array}{c} S_0 \\ S_9 \\ S_{10} \\ S_4 \\ S_5 \\ S_6 \\ S_{11} \\ S_{12} \\ S_1 \\ S_2 \\ S_3 \\ S_7 \\ S_8 \end{array} \begin{bmatrix} 1 & 0 & 0 & 0 & 0 & 0 & 0 & 0 & 0 & 0 & 0 & 0 & 0 \\ 1 & 1 & 0 & 0 & 0 & 0 & 0 & 0 & 0 & 0 & 0 & 0 & 0 \\ 1 & 0 & 1 & 0 & 0 & 0 & 0 & 0 & 0 & 0 & 0 & 0 & 0 \\ 1 & 1 & 1 & 1 & 0 & 0 & 0 & 0 & 0 & 0 & 0 & 0 & 0 \\ 1 & 1 & 1 & 0 & 1 & 0 & 0 & 0 & 0 & 0 & 0 & 0 & 0 \\ 1 & 1 & 1 & 0 & 0 & 1 & 0 & 0 & 0 & 0 & 0 & 0 & 0 \\ 1 & 1 & 1 & 0 & 0 & 0 & 1 & 0 & 0 & 0 & 0 & 0 & 0 \\ 1 & 0 & 1 & 0 & 0 & 0 & 0 & 1 & 0 & 0 & 0 & 0 & 0 \\ 1 & 1 & 1 & 0 & 0 & 0 & 1 & 1 & 1 & 0 & 0 & 0 & 0 \\ 1 & 1 & 1 & 0 & 1 & 1 & 1 & 1 & 0 & 1 & 0 & 0 & 0 \\ 1 & 1 & 1 & 0 & 0 & 0 & 1 & 0 & 0 & 0 & 1 & 0 & 0 \\ 1 & 1 & 0 & 1 & 0 & 0 & 0 & 0 & 0 & 0 & 0 & 1 & 0 \\ 1 & 1 & 0 & 1 & 0 & 0 & 1 & 0 & 0 & 0 & 0 & 0 & 1 \end{bmatrix}$$

（5-8）

根据 L_1、L_2、L_3、L_4 将可达矩阵 M 的行与列重新排序得到骨干矩阵 N，详见式（5-8）。13 个要素被分为 4 个层级，根据因素间的逻辑关系用有向边连接相邻层次间及同一层次的因素，得出如图 5-2 所示的稻农有机肥替代化肥农业补贴标准接受意愿影响因素的关联关系和层次结构。

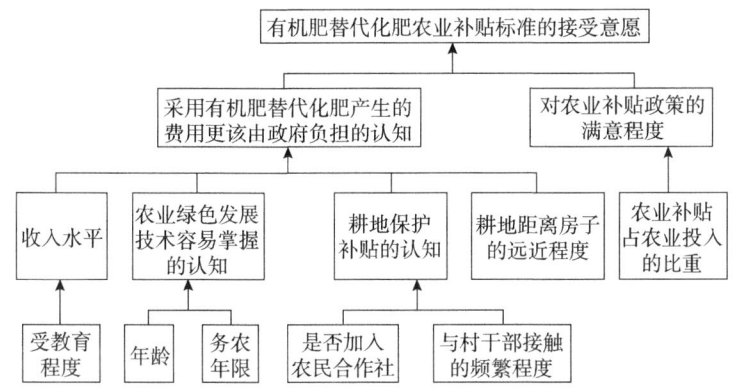

图 5-2　农户有机肥替代化肥农业补贴标准受偿意愿接受水平的发生机制

二、结果讨论

（一）农户有机肥替代化肥采纳意愿及意愿补贴水平分析

根据统计分析结果（表 5-2），在 363 个有效样本中，97.24% 的被访稻农愿意接受一定金额的农业补贴作为有机肥替代化肥行为的有效激励。68.31% 的稻农可以接受的有机肥替代化肥农业补贴标准为 0～400 元/亩，仅有 1.38% 的稻农对有机肥替代化肥农业补贴的期望标准高于 800 元/亩。该结果表明，江西省稻农对农业补贴标准的期望值在比较合理的范围。

（二）农户有机肥替代化肥采纳意愿影响因素分析

由表 5-3 的有序 Logit 模型回归结果可知，农户的年龄、受教育程度、务农年限、家庭年收入、上一年农业补贴与种粮投入的比重、耕地距离房子的远近程度、是否加入农民合作社、与村干部打交道的频繁程度、对绿色农产品的认知、对耕地保护补贴的认知、对有机肥替代化肥技术的认知、对有机肥替代化肥产生的费用更应该由政府承担的认知、对农业补贴政策的满意度 12 个变量通过了显著性检验。这表明，上述 12 个变量对稻农有机肥替代化肥农业标准具有显著的影响。其中，农户的年龄、务农年限、家庭年收入、去年农业补贴与种粮投入的比重、耕地距离房子的远近程度、是否加入农民合作社、对有机肥替代化肥技术的认知及对农业绿色生产行为造成的费用由政府承担的认知，都在 1% 的显著性水平上通过了显著性检验，并且方向与预期一致。年龄越低、务农年限越长、家庭年收入越低、上一年农业补贴与种粮投入的比重越大、耕地距离房子距离越远、加入农民合作社、对有机肥替代化肥技术的认知程度低、越认为农业绿色生产行为造成的费用更应该由政府承担的稻农，对有机肥替代化肥农业补贴标准的预期越高；反之，稻农则对有机肥替代化肥农业补贴标准的预期越低。这说明，年龄越小、农业技能成熟、收入水平越低、对农业补贴依赖程度较高、耕地禀赋较差、资源禀赋越高、对农业绿色发展和农业补贴政策存在认知偏差越大的农户，越期望通过较高的农业补贴标准来降低不确定性和风险，进而形成较高的有机肥替代化肥行为采纳激励。农户的受教育程度、与村干部打交道的频繁程度，对稻农有机肥替代化肥农业补贴标准具有重要的影响，均在5%的统计水平上通过了显著性检验。农户的受教育程度越高、与村干部打交道频繁程度越低的农户，对有机肥替代化肥农业补贴标准的预期越高。出现这种结果的原因可能是，目前在农村耕地的稻农文化程度普遍偏低。这些所谓的受过较高水平教育的稻农，他们的受教育程度也没有超过高中，他们对事物的认知能力仍然停留在较低的水平。而与村干部打交道频繁程度较低的农户，由于获取的信息量有限，对农业绿色发展的未来判断存在极大的不确定性，在风险规避的意识指导下，会倾向期望更高的农业补贴水平，以激励其采取有机肥替代化肥的行为。对耕地保护补贴的认知、对农业补贴政策的满意程度对农户有机肥替代化肥农业补贴标准的预期的影响在10%的显著性水平上通过了显著性检验。对耕地保护补贴政策的认知程度越深、对农业补贴政策越满意的农户，对有机肥替代化肥农业补贴标准的预期越低。这表明，提高农户对国家大力实施农业补贴政策促进有机肥替代化肥的认知程度，并且在推广和实践中确保农户对有机肥替代化肥农业补贴政策的满意程度，将有助于政府通过降低农业补贴标准达到促使农户采纳有机肥替代化肥的行为实践。

（三）农户有机肥替代化肥采纳意愿发生机制的ISM分析

由图5-2可见，在稻农有机肥替代化肥农业补贴标准受偿意愿的影响因素中，稻农对采用有机肥替代化肥产生的费用更应该由政府负担的认知，以及对农业补贴政策的满意度是表层直接因素，家庭年收入、对有机肥替代化肥技术是否容易掌握的认知、对耕地保护补贴的认知、耕地距离房子的远近程度、农业补贴占农业投入的比重是中间层间接因素，稻农的年龄、受教育程度、务农年限、与村干部接触的频繁程度、是否加入农民合作社，是稻农形成有机肥替代化肥农业补贴标准接受意愿的深层根源因素。

1. 表层直接因素分析

对采用有机肥替代化肥产生的费用更应该由政府负担的认知的回归系数为 0.9436，对应的 P 值为 0.000，表明稻农对采用有机肥替代化肥产生的费用更应该由政府负担的认知，对稻农有机肥替代化肥农业补贴标准接受意愿有显著的正向影响，且影响强度非常大，与理论预期一致。出现这种现象的原因是，稻农种植水稻的成本高、收益低，稻农的资金有限、对新技术的接受能力较差，政府通过提高有机肥替代化肥的补贴标准，将会显著促进稻农采用有机肥替代化肥的意愿。

对农业补贴政策的满意程度的回归系数是 −0.2338，对应的 P 值是 0.053，这说明对农业补贴的满意程度对稻农有机肥替代化肥农业补贴标准接受意愿有显著的负向影响，印证了前面的预期。计划行为理论认为，态度与行为密切相关，对农业补贴越满意，越愿意接受较低水平的农业补贴，以采取有机肥替代化肥的行为。由图 5-2 可见，作为直接影响因素的对采用有机肥替代化肥产生的费用更该由政府负担的认知，还受四个间接因素的影响，而对农业补贴政策的满意程度也受一个因素的影响。

2. 中间层间接因素

家庭年收入、对有机肥替代化肥技术是否容易掌握的认知、耕地距离房子的远近程度、农业补贴占农业投入的比重的回归系数分别为 −0.2141、−0.5021、0.4375、0.5789，对应的 P 值分别为 0.008、0.000、0.008、0.000。这说明，家庭年收入、对有机肥替代化肥技术是否容易掌握的认知，对稻农有机肥替代化肥农业补贴标准受偿意愿具有显著的负向影响；对耕地保护补贴的认知、耕地距离房子的远近程度、农业补贴占农业投入的比重，对稻农有机肥替代化肥农业补贴标准意愿接受水平具有显著的正向影响，与前面的假设一致。这表明，家庭收入越高、越认为有机肥替代化肥技术容易掌握、耕地距离房子越近、农业补贴占农业投入的比重越小的稻农，越有可能接受较低水平的有机肥替代化肥农业补贴。但是，对耕地保护补贴的认知的回归系数为0.2891，对应的P值为0.025，表明对耕地保护补贴的认知对稻农有机肥替代化肥农业补贴标准接受意愿的影响为正，与预期相反。可能的原因是，样本稻农中表示对耕地保护补贴具有一定程度认知的农户非常少，仅占7.17%，说明国家应该做好对农民的宣传教育工作。由图5-2可见，五个间接影响因素还受五个深层根源因素的影响。

3. 深层根源因素分析

稻农年龄、受教育程度、务农年限、是否加入农民合作社、与村干部接触的频繁程度的回归系数分别为–0.0419、0.2660、0.4871、0.8132、–0.3775，对应的P值分别为0.000、0.033、0.000、0.002、0.001。这表明，年龄、与村干部接触的频繁程度对稻农接受低水平的有机肥替代化肥补贴具有显著的负向影响。而受教育程度、务农年限、是否加入农民合作社，对稻农有机肥替代化肥意愿接受水平具有显著的正向影响，印证了前文的预期。可能的原因是，与年龄偏小的稻农相比，年龄较大的稻农收入水平较低、收入来源单一、闲暇的机会成本更小。这也导致倾向于接受更低水平的农业补贴作为对采用有机肥替代化肥的激励；受教育程度越高的稻农学习能力更强，在劳动力市场上竞争力更强，收入渠道更多。因此，稻农只有在预期有机肥替代化肥的农业补贴水平至少比投入劳动力市场的收益更高时，才有可能接受有机肥替代化肥补贴，并实施有机肥替代化肥；务农年限越长的稻农往往经验更丰富，对有机肥替代化肥所需要的投入成本的预期收益的评估更准确，在种粮成本不断提高、收益却并没有大幅度增加的现实背景下，需要更高的农业补贴水平才能激励这些稻农实施有机肥替代化肥；与没有加入农民合作社的稻农相比，加入农民合作社的稻农在农业生产物资的购买和农产品的销售等环节的议价能力更强，这一认知会不断得到强化。因此，加入农民合作社的稻农倾向获得更高水平的有机肥替代化肥补贴作为实施有机肥替代化肥的条件；经常与村干部接触的村民对耕地保护补贴政策有一定程度了解的可能性更大，其愿意接受较低水平的农业补贴作为对实施有机肥替代化肥的补偿的可能性更大。

综上可知，以上 12 个因素既独立作用又相互关联，构成了一个稻农有机肥替代化肥补贴水平接受意愿的影响因素系统。其具体作用路径与传导关系如下：年龄、受教育程度、务农年限、是否加入农民合作社、与村干部接触的频繁程度→家庭年收入、对有机肥替代化肥技术容易掌握的认知、对耕地保护补贴的认知、耕地距离房子的远近程度、农业补贴占农业投入的比重→对采用有机肥替代化肥产生的费用更该由政府负担的认知、对农业补贴政策的满意程度→有机肥替代化肥补贴标准接受意愿。

模型二的拟合结果表明，稻农的性别、上一年是否获得过补贴、主要种植粮食作物还是经济作物、是否进行产地检测、对绿色农产品的认知这六个因素，对稻农有机肥替代化肥补贴标准接受意愿的未有统计学意义上的显著影响。究其原因，此次调查中，被访稻农中男性居多（占样本的 68.61%），原因可能是受中国"男权"的影响，女性的意愿容易受到男性的干扰，导致性别对因变量的解释作用不大（吴强，张园园，孙世民，2017）。稻农获得的补贴是通过"一折通"发放的，而且我国农业补贴的发放一般是在农户预先投入之后发放的，存在较长时间的滞后期。因此，上一年是否获得补贴对农户采用有机肥替代化肥的激励作用不大。事实上，对稻农行为起激励作用的是获得补贴的金额占种粮投入的比重，这在前面论述中已经被证明。随着新型城镇化的推进，在农村生产生活的农户多是年纪偏大的农户，稻农种植的粮食作物大部分也将销售到市场当中。因此，主要种植粮食作物还是经济作物，对稻农有机肥替代化肥补贴标准接受意愿的影响被弱化了。被访稻农中，绝大部分稻农的耕地没有进行过产地检测（高达 82.09%），这可能是导致是否进行产地检测对因变量不显著的主要原因。生产绿色农产品不仅需要少施甚至不施化肥，还需要少施甚至不施农药、选用非农药拌种的种子等。稻农生产的农产品除少部分自留消费外，大部分会销售出去。事实上，稻农对自给的农产品和销售的农产品会分开种植，并且采取不同的管理方式，对自给的农产品往往不施化肥、不施农药。通过农业补贴刺激稻农采用有机肥替代化肥以生产有利于人类健康的绿色农产品，并未直接对稻农采用有机肥替代化肥的意愿造成影响。因此，稻农有机肥替代化肥补贴标准的接受意愿并未受到该认知的影响。

第五节　结论和政策启示

本章基于363户稻农的实地调查问卷,将多元有序Logit模型和ISM模型有机结合起来,探讨了稻农有机肥替代化肥农业补贴标准受偿意愿的影响因素及其层次结构。本章首先采用条件价值评估方法评估了稻农有机肥替代化肥的农业补贴受偿意愿,其次运用有序Logit模型确定了稻农有机肥替代化肥农业补贴受偿意愿的影响因素,最后运用ISM模型确定了各影响因素之间的关联关系和层次。

第一,有97.24%的稻农愿意接受非零金额的农业补贴作为采用有机肥替代化肥的激励。

第二,受教育程度、对耕地保护补贴的认知、对有机肥替代化肥产生费用更应该由政府承担的认知、对有机肥替代化肥技术容易掌握的认知、对农业补贴政策的满意程度等因素,显著影响稻农有机肥替代化肥补贴标准的受偿意愿。这说明,稻农实施有机肥替代化肥是理性选择的结果,只有当预期施用有机肥所造成的成本增加和收益减少能够通过一定金额的农业补贴得到补偿的时候,稻农才会选择实施有机肥替代化肥。因此,应该加大对受教育程度较高的稻农有机肥替代化肥技术的宣传和培训,对稻农有机肥替代化肥补贴造成的费用更应该由政府承担的认知进行合理的引导,探索农业补贴新的发放方式等,提高稻农对农业补贴的满意度。

第三,家庭年收入水平对稻农有机肥替代化肥补贴标准受偿意愿具有显著的负向影响,上一年获得的农业补贴占农业投入的比重正向影响稻农有机肥替代化肥补贴标准受偿意愿。这说明,自身收入水平越高、越不依赖农业补贴的稻农,越有可能接受较低标准的有机肥替代化肥补贴,进而实施有机肥替代化肥的农业实践。因此,政府应完善各项支持政策,促进农民增收。

第四,年龄、务农年限、是否加入农民合作社、与村干部接触的频繁程度,对稻农有机肥替代化肥补贴标准接受意愿具有显著影响。这说明,务农年限越长的稻农对有机肥替代化肥的抵抗情绪越大,而加入农民合作社的稻农由于议价能力更强,需要更高的农业补贴标准来激励有机肥替代化肥的行为。但是，年龄偏大和与村干部接触频繁的稻农，更有可能接受较低标准的有机肥替代化肥补贴。因此，政府应该坚持向服务型政府转变，加强对稻农的宣传教育，并切实让市场发挥决定性作用。

第五，耕地距离房子的远近程度对稻农有机肥替代化肥补贴标准接受意愿具有显著影响。这说明，农村承包地"远、近"平均分配原则会导致距离村庄较远的耕地整体上较难实现有机肥替代化肥，加剧耕地退化甚至撂荒的可能性。

第六，在这12个因素中，稻农对采用有机肥替代化肥产生的费用应该由政府负担的认知和对农业补贴政策的满意度是表层直接因素；家庭年收入、对有机肥替代化肥技术的认知、对耕地保护补贴的认知、耕地距离房子的远近程度、农业补贴占农业投入的比重是中间层间接因素；稻农的年龄、受教育程度、务农年限、与村干部接触的频繁程度、是否加入农民合作社，是稻农形成有机肥替代化肥农业补贴水平接受意愿的深层根源因素。

第六章

农户认知、农业补贴与农户农业绿色生产行为采纳意愿的实证分析

本章以结构方程模型为分析工具构建实证检验模型，探讨影响农户农业绿色生产行为采纳的主要因素。本章共分为五小节，第一节提出本章要研究的问题，第二节提出本章研究的框架、研究假设和所用的研究方法，第三节阐述本章实证部分的变量选择和数据的信度和效度检验，第四节进行实证结果分析，第五节得出本章的研究结论和政策建议。

第一节 引 言

农户是农业绿色生产行为的主体。在利益的驱动之下，农户在生产过程中往往忽视自身的行为是否对农业增产产生任何影响，因此倾向采用传统的化肥和农药、不愿采用保护性耕作技术、将农作物秸秆进行焚烧或随意丢弃，这些行为会严重制约农业的绿色发展。因此，非常有必要研究如何规范和引导农户合理适量地施用传统化肥和农药、采纳保护性耕作技术、对秸秆进行资源化利用以促进农业绿色发展。其中，首先需要关注的问题是哪些因素会对农户的这些农业绿色生产行为产生影响。基于调查数据，本书将对这一问题展开讨论。

农业补贴作为各地政府部门将农户传统的非农业绿色生产行为转变为农业绿色生产行为的普遍政策手段，在实践中到底对农户农业绿色生产行为产生多大的影响，值得深入研究。关于农业补贴对农户农业绿色生产行为采纳意愿影响的讨论，仍然停留在政策建议层面，对该项政策的实践效果尚无基于一手数据实证分析的检验。针对这些问题，本书拟做一些探索性的工作。

第二节 研究框架、研究假设与方法选择

一、研究框架

计划行为理论认为，个体行为意愿受行为态度、主观规范和自觉行为控制的影响。农户采纳农业绿色生产行为的决策过程非常复杂，往往需要权衡经济、环境和风险等因素，并在此基础上作出理性决策。理解农户为什么不采用或不愿意采用农业绿色生产行为的第一步，是了解农户对农业绿色发展的认知、以往的农业生产行为、自身的能力及政策环境如何。一般而言，农户农业绿色生产行为的采纳与农户个体特征、农户对农业绿色发展的认知、农户的行为能力和政策环境等多种因素有关。参考计划行为理论及相关研究成果（张利国等，2017；张董敏等，2015；吴海涛等，2015），本书从行为认知、行为控制、行为能力、农业补贴、行为意愿五个方面考查影响农户农业绿色生产行为采纳的主要因素（李世杰等，2013；吴连翠等，2013），构建农户农业绿色生产行为采纳影响因素的假说模型（图6-1）。

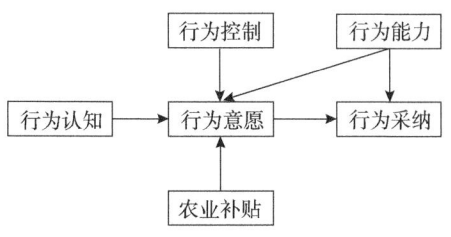

图 6-1 设计的结构路径

二、研究假设

（一）行为认知

行为认知是指行为执行人对其执行某种特定行为的后果的认知程度，它决定着个体的行为意愿（张瑶等，2019；黄炎忠等，2018）。一个人的认知程度越高，他对此行为的采纳意愿也越高。本书中，农户的行为认知指的是农户对农业绿色发展是未来农业发展趋势的判断的认知、是农户对农业绿色发展有助于改善环境的认知、是农户对是否可以轻易地发现农业绿色发展所带来的好处的认知、是农户对绿色农产品获利更多与否的认知、是农户对绿色农产品更有利于健康的认知、是农户对保护农业环境与发展农业经济哪个更重要的认知。一般而言，农户认为农业绿色发展是未来的发展趋势。这表明，农户对农业绿色发展持有积极肯定的态度，这种正向的信念会促使农户主动控制其农业生产行为，并表现出更强烈的农业绿色发展行为采纳意愿；认为农业绿色发展有利于改善环境的农户，对环境不友好行为的约束能力更强，采纳农业绿色发展行为的意愿会更强烈；认为可以轻易地发现农业绿色发展所带来的好处的农户，会越倾向采纳农业绿色生产行为；认为绿色农产品获利更多的农户，会将农业绿色生产行为与长期获利建立联系，进而形成积极地采纳农业绿色生产行为的意愿；认为绿色农产品更有利于健康的农户，将农业绿色生产行为与结果构建正向的联系，为了避免疾病的发生，农户可能主动控制自己的非农业绿色生产行为，同时采取积极的农业绿色生产行为；认为保护农业环境比发展农业经济更重要的农户，将具有强烈的动力主动采纳农业绿色生产行为。根据以上的分析，本书提出如下假说。

假说1： 农户行为认知水平越高，其采纳农业绿色生产行为的意愿也会越高。

（二）行为控制

个体对行为与结果间关系的认知会影响行为选择（李俊利等，2011；盛锦等，2018）。本书中，行为控制指的是认为过量施肥会降低地力、农药残留会危害人体健康、随意丢弃农药或化肥的包装物会污染环境、废弃农膜会污染环境、农业废弃物应该资源化利用（任重等，2018；王建华等，2014；黄武等，2012）。一般而言，将过量施肥与地力降低建立强烈因果联系的农户，对过量施肥行为的抵制能力更强，更倾向采纳农业绿色生产行为；认为农药残留会危害人体健康的农户，会降低农药使用强度，也更愿意采纳农业绿色生产行为；将随意丢弃农药、化肥的包装物与污染环境的负面结果联系起来的农户，更有可能采纳农业绿色生产行为；认为废弃农膜会污染环境的农户会减少农膜废弃行为，其采纳农业绿色生产行为的意愿也更强烈；认为农业废弃物应该资源化利用的农户，会有更强烈意愿或动机减少农业废弃物的随意排放，其采纳农业绿色生产行为的意愿更强烈。根据以上的分析，本书提出如下的假设。

假说2：农户的行为控制力越强，其采纳农业绿色生产行为的意愿也会越高。

（三）行为能力

农户的个人能力和资本禀赋会对农户的行为能力产生影响（李昊等，2018；李昊等 2018；李祥妹等，2016）。不同的农户拥有不同的认知水平，不同的认知水平会导致农户对农业绿色发展的理解和接受程度不同。知识储备和个人能力会影响农户对采纳农业绿色发展行为带来的好处的认知，进而影响农户对农业绿色生产行为的采纳。本书将行为能力具体化为四个变量：是否参加过农业绿色生产技术培训、是否对耕地进行了产地检测、是否加入农民合作社，以及是否与合作社或企业有签订售前合同。一般来说，参加过农业绿色生产技术培训的农民，对农业绿色发展行为与农业环境保护和农业长期可持续发展之间关系的认知水平会更高，其减少化肥施用量或者用有机肥代替化肥、减少农药使用量或者使用绿色农药替代化学农药、采取保护性耕作技术及综合利用秸秆的行为控制能力会越强；对耕地进行过产地检测的农户，对耕地的资源环境状况的认知更加全面，其农业绿色生产行为采纳意愿也会更强烈（李光泗等，2007）；加入农民合作社的农民，对政府政策方面的信息掌握得比较全面，对农业绿色发展的认知水平会更高，根据准确的信息采纳农业绿色生产行为的意愿也就更大；与农民合作社或者企业签订有售前合同的农户，对农产品的销售渠道更有信心，但是对农产品的质量也更关心，因为只有达到一定品质的农产品才能与农民合作社或者企业签订长久的销售合同，进而有签订售前合同的农户采纳农业绿色生产行为控制能力会更强。鉴于以上的分析，本书提出如下假说。

假说3：参加过农业绿色生产技术培训、对经营的耕地进行过产地检测、加入农民合作社、与农民合作社或者企业签订有售前合同，正向影响农户采纳农业绿色生产行为。

（四）行为采纳

行为采纳指的是行为人采纳某种（些）期望行为。在本书中，行为采纳指的是农户采纳施用有机肥替代化肥、采用绿色农药替代化学农药、采取保护性耕作技术以保护耕地、秸秆资源化处理的农业绿色生产行为。本书旨在研究影响农户采纳这些农业绿色生产行为的影响因素和作用路径。

（五）农业补贴

农业补贴指的是当地政府结合农业生产经营情况，对农户采纳农业绿色生产行为给予的补贴（钟春平等，2013；侯玲玲等，2012）。农业绿色生产行为包含诸多内容。现有研究认为，政府可以通过给予农药补贴来鼓励农民合理、适量使用农药来促进农产品安全生产（吕悦风等，2015；时小琳等，2017）。对有机肥替代化肥实施农业补贴，被认为是有助于改善农业环境污染的一种有效政策措施。但是，农业补贴对农户农业绿色生产行为究竟有多大程度的影响，农户对农业补贴促进农业绿色发展的接受意愿有何差异，仍有待于基于一手数据的统计检验。本书结合农业补贴绿色化改革及补贴试点地区农业补贴绿色化、生态化转变的实践效果，选择用上一年是否得过农业补贴、上一年获得的农业补贴与种粮投入的比重、对农业补贴政策的满意程度、对农业补贴政策的具体内容的了解程度这四个变量，来反映农业补贴对农户农业绿色生产行为采纳意愿的影响。根据相关研究结果，本书提出如下假设。

假说4：上一年获得过农业补贴的农户对农业绿色生产行为的采纳意愿更高；上一年获得的农业补贴占农业投入比重越大的农户对农业绿色生产行为的接受意愿越高；农户对农业补贴政策越满意，其采纳农业绿色生产行为的意愿越强烈；对农业补贴政策的具体内容了解程度越深的农户，对农业绿色生产行为的采纳意愿越高。

（六）行为意愿

行为意愿指的是行为人在多大程度上愿意采纳或者不采纳某种（些）期望的行为。在本书中，行为意愿指的是农户采用有机肥替代化肥、采用绿色农药替代化学农药、采取保护性耕作技术以保护耕地、采取秸秆综合利用行为的意愿。一般而言，农户采取某行为的意愿越强烈，则越有可能采取某种行为。具体而言，与不愿意采用有机肥替代化肥的农户相比较，愿意采用有机肥替代化肥的农户，在实际中采用有机肥替代化肥的倾向性更强；相较于不愿意采用绿色农药替代化学农药的农户而言，愿意采用绿色农药替代化学农药的农户，更有可能采纳绿色农药行为；愿意采取保护性耕作技术的农户比不愿意采取保护性耕作技术的农户，采纳保护性耕作技术的可能性更高；愿意对秸秆进行综合利用的农户，在农业实践中采纳秸秆综合利用行为的可能性更高。根据以上分析，本书提出如下假设。

假说5：对农业绿色生产行为持有越积极态度的农户，越有可能采纳农业绿色生产行为。

三、方法选择

兴起于20世纪60年代的结构方程模型（Structural Equation Modeling，SEM），通过将测量方程和基于既定理论的理论模型相结合，把模型误差纳入模型中进行分析，其估计结果更为准确，能更好地实现社会科学描述性研究和解释性研究的统一（王卫东，2010）。相比于传统的多元回归、Logistic回归及相关分析，SEM更适合对多种原因、多结果问题及由直接观察变量构成的潜变量进行处理。本书所涉及的变量也具有难以直接测量和主观测量误差较大等特征，因此本书选择SEM为分析工具，具体形式如下。

测量方程：

$$Y = \Lambda_y \eta + \varepsilon \tag{6-1}$$

$$X = \Lambda_x \xi + \delta \quad (6\text{-}2)$$

结构方程：

$$\eta = B_\eta + \Gamma \xi + \zeta \quad (6\text{-}3)$$

测量方程包括内生潜变量测量方程和外生潜变量测量方程，该式（6-1）是一个由内生指标构成的内生潜变量的测量方程，Y 是由 p 个内生指标构成的 $p \times 1$ 向量；η 是由 m 个内生潜变量因子组成的 $m \times 1$ 向量；Λ_y 则是 Y 在 η 上的 $p \times m$ 因子负荷矩阵；ε 是 p 个测量误差组成的 $p \times 1$ 个测量误差的向量。

而式（6-2）是测量外生潜变量的测量方程；X 是由 q 个外生变量组成的 $q \times 1$ 向量；ξ 是 n 个外生潜变量因子构成的 $n \times 1$ 向量；而 Λ_x 是 Y 在 ζ 上的 $q \times n$ 因子负荷矩阵；δ 是 q 个测量误差组成的 $q \times 1$ 向量。在式（6-3）中，B 是 $q \times n$ 系数矩阵，描述了内生变量 η 之间的彼此影响；Γ 是 $m \times n$ 系数矩阵，描述了外生潜变量 ζ 对内生潜变量 η 的影响；ζ 是 $m \times 1$ 残差向量，将结构方程展开如式（6-4）。

$$\begin{bmatrix} \xi_1 \\ \xi_2 \\ \xi_3 \\ \xi_4 \\ \xi_5 \end{bmatrix} = \begin{bmatrix} 0 & 0 & 0 & \beta_{14} & 0 \\ 0 & 0 & \beta_{23} & 0 & 0 \\ \beta_{31} & 0 & 0 & 0 & 0 \\ 0 & 0 & \beta_{43} & 0 & 0 \\ 0 & 0 & 0 & 0 & 0 \end{bmatrix} \begin{bmatrix} \xi_1 \\ \xi_2 \\ \xi_3 \\ \xi_4 \\ \xi_5 \end{bmatrix} + \begin{bmatrix} \xi_1 \\ \xi_2 \\ \xi_3 \\ \xi_4 \\ \xi_5 \end{bmatrix} \quad (6\text{-}4)$$

第三节 变量的选择与数据的信度、效度检验

一、变量选择与含义

本章涉及问卷设计的 31 个问题，其中 27 个问题直接进入结构方程模型进行实证分析，另外 4 个问题体现的是这部分农户的个体基本特征。在纳入结构方程模型分析的 27 个变量中，包括 6 个潜变量，模型的可测变量含义见表 6-1。

表 6-1 模型变量对应表

潜变量	可测变量（符号）	可测变量含义
行为认知	农业绿色发展趋势（A_1）	对农业绿色发展未来趋势的认知
	农业绿色发展与改善环境之间的关系（A_2）	对农业绿色发展有利于改善环境的认知
	农业绿色发展的好处（A_3）	对是否可以轻易地发现农业绿色发展所带来的好处的认知
	绿色农产品获利情况（A_4）	对绿色农产品获利更多的认知
	绿色农产品与健康的关系（A_5）	对绿色农产品更有利于健康的认知
	保护农业环境与发展农业经济的关系（A_6）	对保护农业环境比发展农业经济更重要的认知
行为控制	过量施肥（B_1）	认为过量施肥会降低地力
	农药残留（B_2）	认为农药残留会危害人体健康
	农药、化肥的包装物（B_3）	认为随意丢弃农药、化肥的包装物会污染环境
	农膜污染环境（B_4）	认为废弃农膜会污染环境
	废弃物资源化利用（B_5）	认为农业废弃物应该资源化利用
行为能力	产地检测（C_1）	耕地是否进行了产地检测
	农民合作社（C_2）	是否加入农民合作社
	签订售前合同（C_3）	是否与农民合作社或企业签订售前合同
	培训（C_4）	是否参加过农业绿色生产技术培训
行为采纳	绿肥采纳（D_1）	施用有机肥替代化肥的情况
	绿色农药（D_2）	是否采用绿色农药替代化学农药
	耕作技术（D_3）	是否有采取保护性耕作技术以保护耕地
	秸秆处理（D_4）	秸秆处理方式如何
农业补贴	得过补贴（E_1）	上一年是否获得过农业补贴
	农业补贴与种粮投入的比重（E_2）	上一年获得的农业补贴与种粮投入的比重
	农业补贴政策的满意程度（E_3）	对农业补贴政策的满意程度
	农业补贴政策的了解程度（E_4）	对农业补贴政策的具体内容的了解程度
行为意愿	有机肥替代化肥意愿（Z_1）	是否愿意采用有机肥替代化肥
	绿色农药替代化学农药意愿（Z_2）	是否愿意采用绿色农药替代化学农药
	采取保护性耕作技术意愿（Z_3）	采取保护性耕作技术以保护耕地的意愿
	秸秆综合利用意愿（Z_4）	采取秸秆综合利用行为的意愿

二、样本描述

（一）样本的基本特征

根据统计结果（表6-2），从中可以看出，样本农户具有以下特征：第一，江西省水稻种植农户的受教育程度较低，受教育程度为小学及以下的农民超过样本的一半。这种状况不利于农业绿色生产行为的采纳。第二，样本农民的务农年限分布比较均匀，有长期务农的年长者，也有刚选择务农不久的年轻农民。这说明，种田并不像很多媒体宣传的那样"后继无人"。第三，有近八成的样本农户的身体状况健康，仅有两成左右的农民认为自己处于不健康的状态。这说明，随着我国医疗水平的上升及经济快速发展，农民的健康状况有了很大的改善。第四，认为可以轻易掌握农业绿色生产技术的农民分布比较均匀。有41.3%的样本农户不认为自己可以轻易地掌握农业绿色生产技术；有28.9%的受访农户持中立的态度；有29.8%的受访农户表示自己可以轻易掌握农业绿色生产技术。第五，超过九成的样本农户没有参加过农业绿色生产技术培训，只有不到一成的受访农户参加过农业绿色生产技术培训，不利于农户农业绿色生产行为的采纳。第六，有36.9%的样本农户在做决策时会考虑乡邻、亲朋、好友及技术推广员的意见，仅有3%的样本农户在做决策时不会考虑乡邻、亲朋、好友及技术推广员的意见其他人将中立态度。这表明，通过宣传、示范、教育、演示等多种方式推广农业绿色生产行为，有利于农户采纳农业绿色生产行为。

表6-2 受访农民样本特征

特征指标	分类	人数	所占比例/%	特征指标	分类	人数	所占比例/%
受教育程度	没上过学	52	14.3	可以轻易掌握农业绿色生产技术	非常不同意	28	7.7
	小学	154	42.4		比较不同意	122	33.6
	初中	123	33.9		一般	105	28.9
	高中或中专	30	8.3		比较同意	90	24.8
	大专及以上	4	1.1		非常同意	18	5.0

续表

特征指标	分类	人数	所占比例/%	特征指标	分类	人数	所占比例/%
务农年限	1～15 年	128	35.3	是否参加过农业绿色生产技术培训	否	327	90.1
	16～30 年	118	32.5		是	36	9.9
	31～45 年	92	25.3	做决策时会考虑乡邻、亲朋、技术推广员的意见	比较不同意	11	3.0
	46 年及以上	25	6.9		一般	218	60.1
健康否	否	79	21.8		比较同意	126	34.7
	是	284	78.2		非常同意	8	2.2

（二）变量测量与描述性统计分析

本书采用 SPSS19.0 软件、Stata 14.0 软件和 AMOS17.0 软件进行数据分析和建模，各变量的测量和描述性统计见表 6-3。

表 6-3 变量的测量与描述性统计分析

变量	测量及赋值	均值	标准差
农业绿色发展趋势	非常不同意 =1；比较不同意 =2；一般 =3；比较同意 =4；非常同意 =5	3.68	0.899
农业绿色发展与改善环境之间的关系	非常不同意 =1；比较不同意 =2；一般 =3；比较同意 =4；非常同意 =5	3.80	0.822
农业绿色发展的好处	非常不同意 =1；比较不同意 =2；一般 =3；比较同意 =4；非常同意 =5	3.24	1.015
绿色农产品获利情况	非常不同意 =1；比较不同意 =2；一般 =3；比较同意 =4；非常同意 =5	3.20	0.970
绿色农产品与健康的关系	非常不同意 =1；比较不同意 =2；一般 =3；比较同意 =4；非常同意 =5	4.02	0.683
保护农业环境与发展农业经济的关系	非常不同意 =1；比较不同意 =2；一般 =3；比较同意 =4；非常同意 =5	3.38	1.077
过量施肥	非常不同意 =1；比较不同意 =2；一般 =3；比较同意 =4；非常同意 =5	3.87	0.750
农药残留	非常不同意 =1；比较不同意 =2；一般 =3；比较同意 =4；非常同意 =5	4.28	0.731

续表

变量	测量及赋值	均值	标准差
农药、化肥的包装物	非常不同意=1；比较不同意=2；一般=3；比较同意=4；非常同意=5	4.04	0.843
农膜污染环境	非常不同意=1；比较不同意=2；一般=3；比较同意=4；非常同意=5	3.93	0.942
废弃物资源化利用	非常不同意=1；比较不同意=2；一般=3；比较同意=4；非常同意=5	3.84	0.740
产地检测	否=0；是=1	0.18	0.384
农民合作社	否=0；是=1	0.21	0.407
签订售前合同	否=0；是=1	0.18	0.386
培训	否=0；是=1	0.10	0.299
绿肥采纳	否=0；是=1	0.35	0.478
绿色农药	否=0；是=1	0.30	0.458
耕作技术	否=0；是=1	0.62	0.487
秸秆处理	否=0；是=1	0.69	0.465
得过补贴	否=0；是=1	1.67	0.483
农业补贴与种粮投入的比重	0%～20%=1；20%～40%=2；40%～60%=3；60%～80%=4；80%～100%=5	1.45	0.758
农业补贴政策的满意程度	非常不满意=1；比较不满意=2；一般=3；比较满意=4；非常满意=5	2.82	0.890
农业补贴政策的了解程度	完全不了解=1；比较不了解=2；一般=3；比较了解=4；非常了解=5	2.58	0.815
有机肥替代化肥意愿	否=0；是=1	0.88	0.327
绿色农药替代化学农药意愿	否=0；是=1	0.88	0.320
采取保护性耕作技术意愿	否=0；是=1	0.92	0.276
秸秆综合利用意愿	否=0；是=1	0.94	0.228

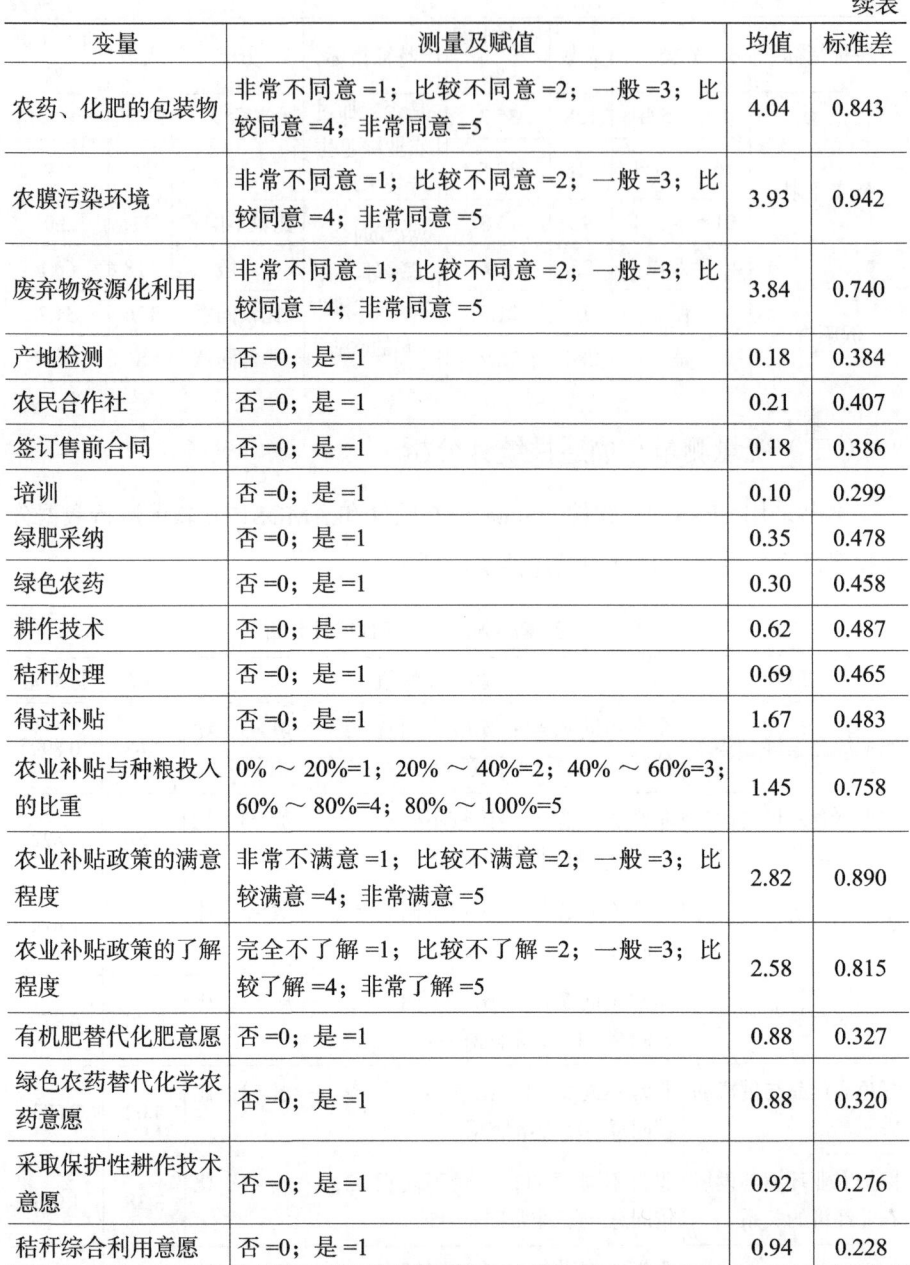

（三）样本数据的信度、效度检验

信度（reliability）检测主要考察的是设计的问卷内部题目之间的同质性（或异质性）和稳定性。如果涉及的问卷各个题目之间的差异性不大，只是以不同的问题形式测量了相同的内容,那么这种样本的信度是值得怀疑的,甚至是不可信的。如果用同一份问卷对同样的群体在不同的时间进行重复检测,差异很大,那么样本应该被认为是不稳定的,信度也是值得怀疑的。如果重复测量的结果高度相关,则这样的样本被认为是稳定的、可信的。本书中涉及的问卷调查部分并没有对被调查对象的重复询问,因此,在信度检测中主要涉及反映问卷内部同质性(或异质性)的指标来表征。

有多种测量方法来检测样本的信度,包括早期开发的折半信度(Split-half Reliability)和后来 Cronbach 在 1951 年提出的 Cronbach's Alpha 系数。由于折半信度测量工具的前提假设很难在现实环境中得到满足,而 Cronbach's Alpha 系数不存在这个问题。因此,本书采用 SPSS19.0 的 Cronbach's Alpha 系数来研究数据的内部一致性。

基于问卷调查的数据用 SPSS19.0 统计软件进行分析,采用 Cronbach's Alpha 系数法,这种方法对量表内部一致性估计更科学。对样本数据表进行可靠性检验,Cronbach's Alpha 值为 0.762,项数为 27。问卷中每个潜变量的信度分别检验结果显示,总量表的 Cronbach's Alpha 系数为 0.758,行为认知的 Cronbach's Alpha 系数为 0.762,行为控制的 Cronbach's Alpha 系数为 0.765,行为能力的 Cronbach's Alpha 系数为 0.564,行为采纳的 Cronbach's Alpha 系数为 0.303,农业补贴的 Cronbach's Alpha 系数为 0.380,行为意愿的 Cronbach's Alpha 系数为 0.762。这说明,问卷总体信度尚可,问卷设计合理,初始假设路径适用,因此假设初始模型包括 6 个潜变量和 27 个可测变量。

效度(Validity)检验的是所设计的问卷能否正确地测量出所要测量的特质的程度。效度检测主要内容包括三个方面:内容(Content)、效标(Criterion)和结构(Construct)。其中,内容效度检测的是测量目标适合和符合测量内容的程度。校标效度又称准则效度、实证效度,检测的是用不同的测量方式或不同的指标对同一变量进行测量均有效。结构效度检测的是设计的问卷反映概念和内部结构的程度。由于实际测量过程中,内容效度和准则效度需要专家的定性研究或工人的效标测量,不太容易操作和实现,因此本书主要检测的是设计的问卷的结构效度。

本次调查问卷的潜变量路径构想和问题设定是基于相关理论、文献综述、同行审查和修订等综合考虑的结果，保证了问卷的维度和问题能够涵盖影响农户农业绿色生产行为采纳的因素，具有全面性、典型性和代表性，因此问卷具有良好的内容效度和准则效度。针对问卷的结构效度，本书通过标准化系数来比较不同指标间的效度。从表6-1至表6-8可以看出，所有的非标准化系数均有统计学意义，为99%的置信水平。这表明改进后的模型具有更好的整体结构效度。

第四节　农户农业绿色生产行为采纳意愿的影响因素分析

一、模型拟合与初步评价

在进行模型整体适配度估计之前，需要检验模型是否违反估计，核查参数估计的合理性（吴明隆，2017）。一般认为，模型违反估计有五种情形：①标准化参数估计值超过或非常接近1（通常可接受的最高门槛值为0.95）；②出现负的误差方差；③潜变量协方差标准化估计值的相关系数大于1；④协方差矩阵或相关矩阵为非正定矩阵；⑤标准误出现极端大或小的值。本书设计的模型拟合结果显示，标准化参数估计值均未超过0.95；模型的测量误差方差在0.003～0.440，并无负的误差方差存在；潜变量协方差间标准化估计值的相关系数在0.008～0.926，小于1；参数估计的合理性表明，协方差矩阵或相关矩阵为正定矩阵。综上所述，模型估计结果表明没有出现"违犯估计"问题，可以进行模型的整体适配度检验。表6-4是模型的拟合指数。需要特别说明的是，拟合指数主要用于对所构建的理论模型和所收集的数据的适配程度的评价，并不是模型是否正确的唯一标准。拟合优度高的模型还需要根据实际研究问题的背景知识和相关理论进行进一步的探讨和权衡。

表 6-4 拟合指数

评价指标		指标值		评价标准或临界值	结果
		初步模型	最终模型		
绝对拟合指数	χ^2 卡方	1488.289	1055.621	越小越好	理想
	/df	4.665	3.405	越小越好	理想
	RMSEA	0.101	0.082	小于 0.05（拟合良好），小于 0.08（拟合合理）	尚可
	ECVI	4.586	3.441	理论模型值应小于饱和模型和独立模型值	尚可
相对拟合指数	NFI	0.544	0.677	大于 0.9，越接近 1 越好	不好
	TLI	0.520	0.711	大于 0.9，越接近 1 越好	尚可
	CFI	0.595	0.744	大于 0.9，越接近 1 越好	尚可
信息指数	AIC	1660.289	1245.621	越小越好	理想
	PNFI	0.459	0.598	大于 0.5	理想
	PCFI	0.502	0.657	大于 0.5	理想

注：表格中给出的评价标准是该拟合指数的最优标准，譬如对于 RMSEA，其值小于 0.05 表示模型拟合较好，位于 0.05～0.08 表示模型拟合尚可。因此在实际研究中，可根据具体情况分析。RMSEA 表示近似误差均方根；NFI 代表规范拟合指数；TLI 代表塔克-刘易斯指数；CFI 代表比较拟合指数；AIC 代表赤池信息量准则

二、模型修正与最终结果

本书首先对模型进行初步拟合。由模型的整体适配度检验指标可知，初步拟合模型较大，AGFI、NFI 和 RFI 都低于评价标准（表 6-4）。因此，本书根据模型路径系数与修正指数，按修正指数从大到小的顺序修正模型，增加农业绿色发展趋势与绿色农产品获利更多、农业绿色发展有利于农业环境保护与保护环境比发展农业经济重要、可以轻易发现农业绿色发展的好处与绿色农产品获利更多、绿色农产品获利更多与绿色农产品更有利于健康、过量施肥会降低地力与农药残留会影响人体健康、是否加入合作社与是否签订售前合同、是否加入农民合作社与是否参加过培训之间的残差相关关系。修正后，模型的误差变小，AGFI、NFI 和 RFI 都有所改善。这表明，模型整体拟合状况有所优化，分析结果也更为准确。修正后的模型估计结果见表 6-5 和图 6-2。

表 6-5 农户认知、农业补贴与农户农业绿色生产行为采纳的结果

	路径	系数	临界比率值	显著性概率	标准化系数
结构方程	行为意愿 <--- 行为控制	0.498	2.727	0.006	0.348
	行为意愿 <--- 行为认知	0.152	4.532	0.000	0.452
	行为意愿 <--- 农业补贴	0.599	2.794	0.005	0.221
	行为意愿 <--- 行为能力	0.049	0.781	0.435	0.056
	行为采纳 <--- 行为意愿	0.207	2.235	0.025	0.154
	行为采纳 <--- 行为能力	1.270	6.856	0.000	1.084
	A_1 <--- 行为认知	1.000	—	—	0.818
	A_2 <--- 行为认知	0.844	13.588	0.000	0.755
	A_3 <--- 行为认知	0.704	9.527	0.000	0.510
	A_4 <--- 行为认知	0.688	9.072	0.000	0.525
	A_5 <--- 行为认知	0.045	0.859	0.390	0.048
	A_6 <--- 行为认知	1.095	13.435	0.000	0.748
	B_1 <--- 行为控制	1.000	—	—	0.231
	B_2 <--- 行为控制	2.478	4.424	0.000	0.587
	B_3 <--- 行为控制	4.177	4.148	0.000	0.859
	B_4 <--- 行为控制	4.616	4.146	0.000	0.849
	B_5 <--- 行为控制	2.061	3.860	0.000	0.483
	C_1 <--- 行为能力	1.000	—	—	0.739
	C_2 <--- 行为能力	0.548	6.105	0.000	0.381
	C_3 <--- 行为能力	0.327	3.940	0.000	0.240
	C_4 <--- 行为能力	0.265	4.123	0.000	0.251
	D_1 <--- 行为采纳	1.000	—	—	0.698
	D_2 <--- 行为采纳	0.635	7.489	0.000	0.462
	D_3 <--- 行为采纳	0.204	2.355	0.019	0.139
	D_4 <--- 行为采纳	0.274	3.297	0.000	0.196
	E_1 <--- 农业补贴	1.000	—	—	0.189
	E_2 <--- 农业补贴	1.102	2.201	0.028	0.133
	E_3 <--- 农业补贴	10.213	1.744	0.081	1.050
	E_4 <--- 农业补贴	2.382	3.165	0.002	0.267
	Z_1 <--- 行为意愿	1.000	—	—	0.754
	Z_2 <--- 行为意愿	0.992	11.636	0.000	0.763
	Z_3 <--- 行为意愿	0.711	10.420	0.000	0.637
	Z_4 <--- 行为意愿	0.479	8.637	0.000	0.518

表 6-6　最优模型相关性路径系数估计

			Estimate	S.E.	C.R.	P	Label
e43	<-->	e44	0.374	0.047	8.039	***	par_28
e33	<-->	e34	0.061	0.008	7.346	***	par_29
e27	<-->	e28	0.134	0.025	5.386	***	par_30
e44	<-->	e47	−0.088	0.024	−3.743	***	par_31
e44	<-->	e45	0.08	0.026	3.15	0.002	par_32
e33	<-->	e35	0.016	0.005	2.903	0.004	par_33
e42	<-->	e46	−0.105	0.03	−3.496	***	par_34

注：*** 表示在 0.01 水平上显著。

表 6-7　最优模型方差估计

	Estimate	S.E.	C.R.	P	Label
行为控制	0.030	0.014	2.077	0.038	par_63
行为认知	0.539	0.062	8.739	***	par_64
行为能力	0.080	0.014	5.561	***	par_65
农业补贴	0.008	0.006	1.357	0.175	par_66
e48	0.052	0.007	6.879	***	par_67
e49	−0.024	0.020	−1.213	0.225	par_68
e23	0.038	0.003	12.172	***	par_69
e24	0.045	0.004	11.021	***	par_70
e25	0.043	0.005	8.310	***	par_71
e26	0.046	0.005	8.576	***	par_72
e27	0.531	0.040	13.337	***	par_73
e28	0.349	0.028	12.420	***	par_74
e29	0.186	0.025	7.419	***	par_75
e30	0.246	0.032	7.805	***	par_76
e31	0.067	0.012	5.683	***	par_77
e32	0.418	0.033	12.863	***	par_78
e33	0.142	0.011	12.818	***	par_79
e34	0.140	0.011	13.205	***	par_80
e35	0.084	0.006	13.178	***	par_81
e36	0.116	0.015	7.626	***	par_82
e37	0.164	0.013	12.309	***	par_83
e38	0.232	0.017	13.385	***	par_84
e39	0.207	0.016	13.312	***	par_85

续表

	Estimate	S.E.	C.R.	P	Label
e42	0.289	0.031	9.424	***	par_86
e43	0.760	0.060	12.736	***	par_87
e44	0.671	0.054	12.338	***	par_88
e45	0.464	0.034	13.449	***	par_89
e46	0.510	0.053	9.568	***	par_90
e47	0.267	0.032	8.441	***	par_91
e50	0.224	0.017	13.064	***	par_92
e51	0.563	0.042	13.370	***	par_93
e52	-0.080	0.440	-0.183	0.855	par_94
e53	0.616	0.052	11.943	***	par_95

注：*** 表示 0.01 水平上显著。

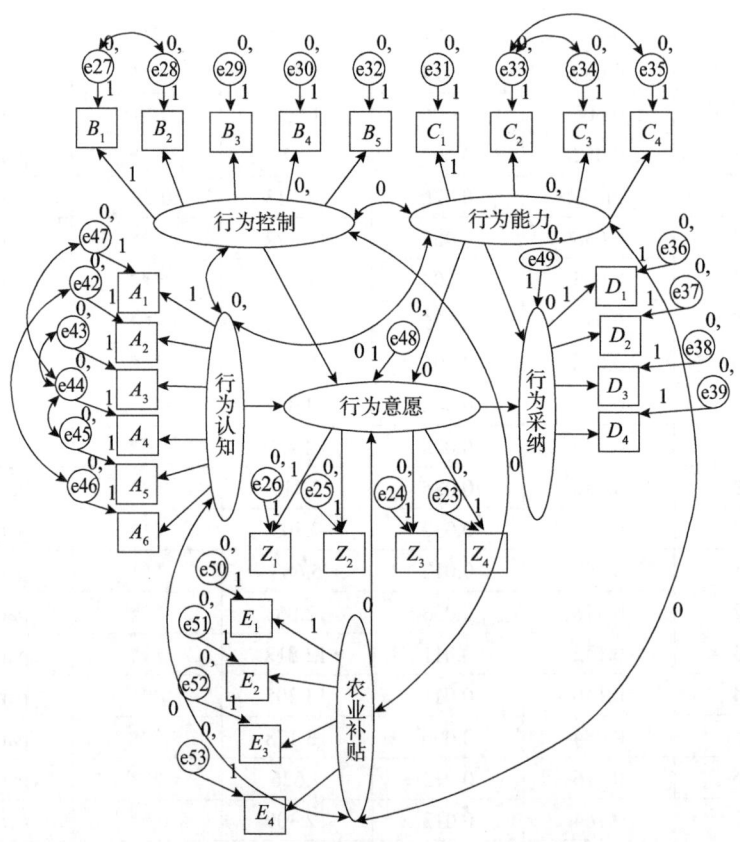

图 6-2 农户认知、农业补贴与农户农业绿色生产行为采纳的结构方程模型估计结果

可测变量的总效应为直接效应与间接效应的加和,具体值见表6-8。

表6-8 测量变量与潜变量的标准化总效应

测量变量	行为能力	行为认知	行为控制	农业补贴	行为意愿	行为采纳
农业补贴政策的了解程度(E_4)	0.000	0.000	0.000	0.267	0.000	0.000
农业补贴政策的满意程度(E_3)	0.000	0.000	0.000	1.050	0.000	0.000
农业补贴与种粮投入的比重(E_2)	0.000	0.000	0.000	0.133	0.000	0.000
得过补贴(E_1)	0.000	0.000	0.000	0.189	0.000	0.000
秸秆处理(D_4)	0.214	0.014	−0.011	−0.007	0.030	0.196
耕作技术(D_3)	0.152	0.010	−0.007	−0.005	0.021	0.139
绿色农药(D_2)	0.505	0.032	−0.025	−0.016	0.071	0.462
绿肥采纳(D_1)	0.762	0.049	−0.037	−0.024	0.108	0.698
秸秆综合利用意愿(Z_4)	0.029	0.234	−0.180	−0.115	0.518	0.000
采取保护性耕作技术意愿(Z_3)	0.036	0.288	−0.222	−0.141	0.637	0.000
绿色农药替代化学农药意愿(Z_2)	0.043	0.345	−0.266	−0.169	0.763	0.000
有机肥替代化肥意愿(Z_1)	0.042	0.341	−0.263	−0.167	0.754	0.000
保护农业环境与发展农业经济的关系(A_6)	0.000	0.748	0.000	0.000	0.000	0.000
绿色农产品与健康的关系(A_5)	0.000	0.048	0.000	0.000	0.000	0.000
绿色农产品获利情况(A_4)	0.000	0.525	0.000	0.000	0.000	0.000
农业绿色发展的好处(A_3)	0.000	0.510	0.000	0.000	0.000	0.000
农业绿色发展与改善环境之间的关系(A_2)	0.000	0.755	0.000	0.000	0.000	0.000
农业绿色发展趋势(A_1)	0.000	0.818	0.000	0.000	0.000	0.000
培训(C_4)	0.251	0.000	0.000	0.000	0.000	0.000
签订售前合同(C_3)	0.240	0.000	0.000	0.000	0.000	0.000
农民合作社(C_2)	0.381	0.000	0.000	0.000	0.000	0.000

续表

测量变量	行为能力	行为认知	行为控制	农业补贴	行为意愿	行为采纳
产地检测（C_1）	0.739	0.000	0.000	0.000	0.000	0.000
废弃物资源化利用（B_5）	0.000	0.000	0.483	0.000	0.000	0.000
农膜污染环境（B_4）	0.000	0.000	0.849	0.000	0.000	0.000
农药、化肥的包装物（B_3）	0.000	0.000	0.859	0.000	0.000	0.000
农药残留（B_2）	0.000	0.000	0.587	0.000	0.000	0.000
过量施肥（B_1）	0.000	0.000	0.231	0.000	0.000	0.000

三、农户农业绿色生产行为采纳意愿影响因素的作用机理

（一）农业补贴对农户农业绿色生产行为采纳意愿的影响

农业补贴对农户农业绿色生产行为采纳意愿的影响的路径系数为0.221。这表明，农业补贴有利于调动农民采纳农业绿色生产行为的积极性，提高其采纳农业绿色生产行为的意愿。而农业补贴与其下的四个观察变量的路径系数分别为0.189、0.133、1.05和0.267。其中，对农业补贴政策的满意程度，对农户农业绿色生产行为采纳意愿的影响最大。这一结果与以往的研究结果一致：对激励措施的正向满意程度会正向激励行为意愿。相比之下，是否得过农业补贴、农业补贴与种粮投入的比重、对农业补贴政策的了解程度，对农户农业绿色生产行为采纳意愿的影响较弱。因此，旨在通过农业补贴激励农户使传统的农业生产行为转变为农业绿色生产行为的政策，应该以提高农户的满意度为重点酌情进行调整，对农业补贴金额和农业补贴政策的宣传应该加以区别对待。

（二）行为认知对农户农业绿色生产行为采纳意愿的影响

行为认知是影响农户农业绿色生产行为采纳意愿的主要因素，其路径系数为0.452。行为认知与其下六个观察变量的路径系数分别为0.818、0.755、0.51、0.525、0.048和0.748。其中，除绿色农产品与健康的关系对农户农业绿色生产行为采纳意愿的影响略低外，其余五个观察变量对农户农业绿色生产行为采纳意愿的影响均比较大。这表明：第一，认为农业绿色发展是未来农业发展趋势的农户，对农业绿色发展结果和农业绿色生产行为之间建立了正确的认知，与有相反认识的农户相比较，其采纳农业绿色生产行为的意愿更强烈。第二，如果农户对农业绿色发展与改善环境之间的关系有正确的认识，在其进行农业经营管理过程中，采纳农业绿色生产行为的意愿，会比不认为农业绿色发展与改善环境之间具有正相关关系的农户更强烈。第三，认为可以轻易发现农业绿色发展带来的好处的农户，对农业绿色发展结果持有正向的认知，有利于其采纳农业绿色生产行为。第四，将绿色农产品与人体健康建立正向联系的农户，其采纳农业绿色生产行为的意愿更强烈。第五，认为保护农业环境比发展农业经济更重要的农户，对保护农业环境具有较高的认知。这种认知有助于提高其采纳农业绿色生产行为的意愿。

（三）行为控制对农户农业绿色生产行为采纳意愿的影响

行为控制对农户农业绿色生产行为采纳意愿的影响较大，其路径系数为0.348。行为控制与其下五个观察变量的路径系数分别为0.231、0.587、0.859、0.849和0.483。其中，过量施肥和废弃物资源化利用的影响较小，这或许是由于农民根深蒂固地认为施肥有助于提高地力进而促进农作物增产，而农户对于过量施肥并没有非常清晰的概念。此外，农业废弃物资源化利用的市场渠道并没有真正建立起来，即使农户对农业废弃物进行了适当的分类与处理，但对农户采纳农业绿色生产行为的意愿的促进作用较小。

（四）行为能力对农户农业绿色生产行为采纳意愿的影响

行为能力对农户农业绿色生产行为采纳意愿的影响较小，其路径系数只有0.056，小于行为认知和行为控制对农户农业绿色生产行为采纳意愿的影响的路径系数。可能的原因：受访农户所在地区采取的诸多旨在引导农户采纳农业绿色生产行为的措施，如对耕地进行产地检测、鼓励农民加入农民合作社、引导农户与农民专业合作社或企业签订售前合同，以及对农民进行农业绿色生产技术培训等，虽然有助于提高农户对农业绿色发展的认知，但是对于提高农户采纳农业绿色生产行为的意愿的作用有限。与这些外部威慑力相比较而言，农户自身的行为认知和行为控制对其行为意愿的影响属于内部推动力，影响自然更大。行为能力与其下四个观察变量的路径系数分别为 0.739、0.381、0.24 和 0.251。其中，是否对耕地进行了产地检测对行为能力的影响最大，可能的原因是，对耕地进行了产地检测的农户对耕地质量和自身行为之间的关系会建立合理的联系。因此，规范自身行为并采纳农业绿色生产行为的意愿越强烈。实证结果也表明，行为能力与行为采纳之间具有直接的相关关系。行为能力对农户农业绿色生产行为采纳的影响最大，其路径系数为 1.084。这间接表明，外部环境施加给农户的威慑力会直接作用于农户的行为，而这种行为选择在外力的作用下已经不受主观意愿的影响。

（五）行为意愿对农户农业绿色生产行为采纳的影响

行为意愿对农户农业绿色生产行为采纳具有正向的影响，其路径系数为 0.154。行为意愿与其下四个观察变量的路径系数分别为 0.754、0.763、0.637 和 0.518。这说明，农户对有机肥替代化肥、绿色农药替代化学农药、采取保护性耕作技术及采取秸秆综合利用的意愿越强烈，农户采纳农业绿色生产行为的倾向性就越高。

（六）行为能力对农户农业绿色生产行为采纳的影响

行为能力不仅直接影响农户采纳农业绿色生产行为的意愿，而且对农户农业绿色生产行为采纳具有正向影响，其路径系数为 1.084。这说明，农户的行为能力越强，其越有可能采纳农业绿色生产行为，而行为能力越弱的农户采纳农业绿色生产行为的可能性更低。

第五节　研究结论与政策启示

本章基于第一手调查数据，以结构方程模型为分析工具构建实证检验模型，探讨影响农户农业绿色生产行为采纳的主要因素。相关实证分析表明，农户的农业绿色生产行为采纳意愿受农业补贴及农户的行为认知、行为控制、行为能力的影响。而农户的农业绿色生产行为意愿和农户的行为能力，对农户的农业绿色生产行为采纳具有重要的影响。农户的行为能力对农户农业绿色生产行为意愿和农业绿色生产行为具有直接的影响。具体而言，农户行为认知是影响其农业绿色生产行为采纳意愿的主要因素；农业补贴对农户农业绿色生产行为采纳意愿具有重要影响，但是上一年是否获得过农业补贴、上一年获得的农业补贴与种粮投入的比重，以及农户对农业补贴政策的具体内容的了解程度，对农户农业绿色生产行为采纳意愿的影响程度小于农户对农业补贴政策的满意程度。农户的行为能力不仅影响农户农业绿色生产行为采纳意愿，而且还直接影响农户农业绿色生产行为采纳。

基于研究结论，本书得出以下政策启示。

第一，农业补贴对农户农业绿色生产行为采纳意愿具有直接影响，农户农业绿色生产行为意愿直接影响农户农业绿色生产行为，而且农户对农业补贴的满意度是影响农业补贴对农户农业绿色生产行为采纳意愿的重要因素。因此，政府部门应该结合地方情况，设计最适合地区实际情况的农业补贴政策方案，并且应以提高农户对农业补贴政策的满意度为指导方向，充分考虑农户的意愿，在尊重农户选择的基础上，制定相关的农业补贴政策，设计补贴方式和补贴重点。鉴于行为认知对农户农业绿色生产行为采纳意愿具有显著影响，政府部门在制定旨在提高农户采纳农业绿色生产行为的农业补贴政策时，也应该注重提高农户的行为认知。例如，对农户进行农业绿色发展的培训，对农户进行农业绿色发展行为与农业生态环境的学习培训，以提高其对农业绿色发展行为与农业环境之间关系的正确认知；提高其思想意识，以增强其采纳农业绿色生产行为的意愿和采纳农业绿色生产行为的可能性。

第二，农户对农业绿色发展趋势、农业绿色发展与改善环境之间的关系，以及保护农业环境与发展农业经济之间的关系的正确认知，会显著影响农户农业绿色生产行为采纳意愿。因此，政府应该多举措加强对农户农业绿色生产行为采纳有关的宣传教育，帮助农户建立农业绿色发展行为与农业绿色发展之间的正确认知，正确的认知有助于增强农户农业绿色生产行为采纳的意愿，进而在实际的农业生产经营活动中采纳农业绿色生产行为。农户对农药、化肥的包装物、农膜污染环境的行为控制能力，会显著影响其采纳农

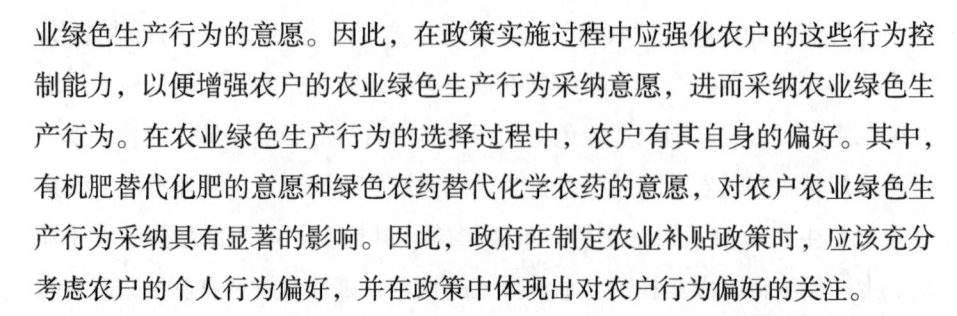

业绿色生产行为的意愿。因此，在政策实施过程中应强化农户的这些行为控制能力，以便增强农户的农业绿色生产行为采纳意愿，进而采纳农业绿色生产行为。在农业绿色生产行为的选择过程中，农户有其自身的偏好。其中，有机肥替代化肥的意愿和绿色农药替代化学农药的意愿，对农户农业绿色生产行为采纳具有显著的影响。因此，政府在制定农业补贴政策时，应该充分考虑农户的个人行为偏好，并在政策中体现出对农户行为偏好的关注。

第三，农业补贴作为一种外部威慑力，其对农户农业绿色生产行为采纳的影响，是通过影响农户农业绿色生产行为采纳意愿，然后间接对其采纳农业绿色生产行为产生影响。相较于这种由政府部门强加的外部力量，农户自身的行为能力对农户农业绿色生产行为具有更为显著的影响。因此，政府部门在制定相关的旨在提高农户农业绿色生产行为采纳的政策时，也应该注意提高农户的行为能力。例如，政府通过引导农户加入农民合作社、签订售前合同及加强对农户承包耕地的产地检测等，提高农户的行为能力和思想认识。

第七章

研究结论和政策建议

　　世界农业资源环境形势严峻，农业绿色发展已成国际共识。农业补贴可以通过改变生产者的行为来加快或者减缓农业生态环境变化的速度。近几年来，我国高度重视农业绿色发展，并不断加大农业补贴力度，助推农业绿色发展。在此背景下，本书从农户的微观视角出发，对我国农业绿色发展机制进行了深入研究。本书以成本收益理论、计划行为理论、供求理论及规模经济理论为指导，通过设计反映农户个体特征、资源禀赋、社会禀赋、行为认知、行为控制、行为能力、行为意愿、行为采纳及农业补贴等的问卷，在农户调查的基础上，对收集的农户问卷进行深入分析。首先，本书详细分析了农户微观视角下农业绿色发展的作用机理，厘清了农业补贴、农户行为与农业绿色发展的过程机理。其次，本书以农户问卷第一手数据为依托，对农户微观视角下农业绿色发展的机制进行实证研究，主要研究以下三个方面：以江西省水稻种植农户为研究对象，运用双变量Probit模型，分析农户对农业绿色发展的认知与农业绿色生产行为采纳深度的影响因素；以有机肥为例，采用有序Logit和ISM模型，探索农户有机肥替代化肥农业补贴标准受偿意愿的发生机制；利用结构方程模型，探究农户认知、农业补贴与农户农业绿色生产行为采纳意愿之间的相互作用关系；根据研究结论，提出政策建议。

第一节　全书结论

一、政策不完善和市场失灵是农业绿色发展的机制障碍

我国农业补贴政策长期以保障粮食安全和农民增收为根本目标，对农业其他功能，特别是农业的生态环境保护功能缺乏关注。这一政策导致农户只关心粮食增产和增收，进而采取短期机会主义行为，通过过度利用农业水、土等自然资源，过量使用化肥、农药机械等，在实现短期收益的同时，也造成农业水、土资源的短缺，农业面源污染严重及农产品质量下降等问题，阻碍了我国农业的绿色发展。市场失灵的主要表现：农户的农业绿色生产行为产生的有益结果无法进行市场定价，而农户的非农业绿色生产行为产生的成本也无法内部化，进而阻碍农户采取农业绿色生产行为，从而对农业绿色发展产生阻碍作用。

二、农户农业绿色生产行为受内外部因素的共同影响

农户的认知和意愿对农户行为产生重要的影响，是重要的内部因素。具体而言，农户的感知易感性、严谨性、观念、个人价值观等，都塑造了农户的农业绿色生产行为。农业补贴作为影响农户农业绿色生产行为的一项关键因素，大多数研究认为，农业补贴对农户农业绿色生产行为具有显著的激励作用，只有极少数的研究认为农业补贴是农户农业绿色生产行为的障碍性因素。而且，农业补贴对农业绿色发展的影响，是通过影响农户的种植行为决策和投资行为决策，进而对农业绿色发展产生影响。

三、农业补贴的成本-收益、规模经济及种植灵活性效应

农业补贴绿色化、生态化改革鼓励农民使用良种，减少化肥、农药等化学投入品的使用，进行测土配方施肥，采用新型农业机械等先进的绿色农业科技，打破传统的技术"锁定效应"，降低农业生产的成本，进而激励农户采用农业绿色生产行为。随着生产规模的扩大，农户采用绿肥、有机肥、新型农业机械的边际成本会不断降低。当补贴超过边际成本时，农户将采纳节约农业水、土自然资源，减少农业面源污染，保育农业生态系统，以及增加农产品质量的农业绿色生产行为，促进农业绿色发展。从需求方面来看，随着消费者收入水平的提高，绿色农产品优质优价逐渐变成现实，进而鼓励农户采纳农业绿色生产行为，生产绿色农产品。农业补贴绿色生态化改革，有利于引导农户增加作物种植的多样性，提高农业土地的生物和遗传多样性，促进农业绿色发展。

四、农户认知和行为采纳之间存在相关关系

第四章的实证研究结果表明，稻农对农业绿色发展的认知与采纳深层次农业绿色生产行为之间存在相关关系。年龄偏低、务农年限偏长、身体越健康、收入水平越高的稻农，对农业绿色发展有一定程度的认知并采取深层次农业绿色生产行为的概率更高。此外，兼业、与村干部打交道频繁、对耕地进行产地检测、加入农民合作社，以及认为通过简单的培训或者讲解就可以轻易掌握农业绿色生产技术的稻农，越有可能采纳深层次的农业绿色生产行为。

五、多重因素影响农户农业补贴受偿意愿且具有层级结构

第五章的实证研究结果表明，受教育程度、务农年限、上一年农业补贴与种粮投入的比重、耕地距离房子的远近程度、是否加入农民合作社、对

耕地保护补贴的认知、对有机肥替代化肥造成的费用更应该由政府承担的认知，对稻农有机肥替代化肥农业补贴受偿意愿具有显著的正向影响；年龄、家庭年收入、与村干部打交道的频繁程度、对有机肥替代化肥技术的认知、对农业补贴政策的满意度，对稻农有机肥替代化肥农业补贴受偿意愿具有显著的负向影响。在这12个影响因素中，稻农对采用有机肥替代化肥产生的费用更应该由政府负担的认知和对农业补贴政策的满意度是表层直接因素；家庭年收入、对有机肥替代化肥技术的认知、对耕地保护补贴的认知、耕地距离房子的远近程度、农业补贴占农业投入的比重是中间层间接因素；稻农的年龄、受教育程度、务农年限、与村干部接触的频繁程度及是否加入农民合作社，是稻农形成有机肥替代化肥农业补贴水平接受意愿的深层根源因素。

六、农户认知和农业补贴影响农户农业绿色生产行为

第六章的实证研究结果表明，农户行为认知是影响其农业绿色生产行为采纳意愿的主要因素；农业补贴对农户农业绿色生产行为采纳意愿具有重要影响。但是，上一年是否获得过农业补贴、上一年获得的农业补贴与种粮投入的比重，以及农户对农业补贴政策的具体内容的了解程度，对农户农业绿色生产行为采纳意愿的影响程度小于农户对农业补贴政策的满意程度。农户的行为能力不仅影响农户农业绿色生产行为采纳意愿，而且还直接影响农户农业绿色生产行为采纳。

第二节　政策启示

农户作为农业绿色发展的重要主体，其行为意愿直接决定农业绿色发展的进程。作为一项重要的激励政策，农业补贴对激励农户采纳农业绿色生产行为具有重要的推进作用。本书的政策启示可以归纳为以下三方面。

第一，农业补贴对农户农业绿色生产行为采纳意愿具有直接影响，农户农业绿色生产行为意愿会直接影响农户农业绿色生产行为采纳，而且农户对农业补贴的满意度是影响农业补贴对农户农业绿色生产行为采纳意愿的重

要因素。因此，政府部门应该结合地方情况，设计最适合地区实际情况的农业补贴政策方案，并且以提高农户对农业补贴政策的满意度为指导方向，充分考虑农户的意愿，在尊重农户选择的基础上制定相关的农业补贴政策，设计补贴方式和补贴重点。鉴于行为认知对农户农业绿色生产行为采纳意愿具有显著影响，政府部门在制定旨在提高农户采纳农业绿色生产行为的农业补贴政策时，也应该注重提高农户的行为认知。例如，对农户进行农业绿色发展的培训，对农户进行农业绿色发展行为与农业生态环境的学习培训以提高其对农业绿色发展行为与农业环境之间关系的正确认知，提高其思想认识，以增强其采纳农业绿色生产行为的意愿和采纳农业绿色生产行为的可能性。

第二，农户对农业绿色发展趋势，农业绿色发展与改善环境之间的关系、保护农业环境与发展农业经济之间的关系的正确认知，会显著影响农户农业绿色生产行为采纳意愿。因此，政府应该多举措加强对农户农业绿色生产行为采纳有关的宣传教育，帮助农户建立农业绿色发展行为与农业绿色发展之间的正确认知，正确的认知有助于增强农户农业绿色生产行为采纳的意愿，进而在实际的农业生产经营活动中采纳农业绿色生产行为。农户对农药、化肥的包装物、农膜污染环境的行为控制能力会显著影响其采纳农业绿色生产行为的意愿。因此，在政策实施过程中，应强化农户的这些行为控制能力，以增强农户的农业绿色生产行为采纳意愿，进而采纳农业绿色生产行为。在农业绿色生产行为的选择过程中，农户有其自身的偏好，其中有机肥替代化肥的意愿和绿色农药替代化学农药的意愿，对农户农业绿色生产行为采纳具有显著的影响。因此，政府在制定农业补贴政策的时候，应该充分考虑农户的个人行为偏好，并在政策中体现出对农户行为偏好的关注。

第三，农业补贴作为一种外部威慑力，其对农户农业绿色生产行为采纳的影响是通过影响农户农业绿色生产行为采纳意愿，间接对其采纳农业绿色生产行为产生影响。相较于这种由政府部门强加的外部力量，农户自身的行为能力对农户农业绿色生产行为采纳具有更为显著的影响。因此，政府部门在制定相关的旨在提高农户农业绿色生产行为采纳的政策时，也应该注意提高农户的行为能力。例如，通过引导农户加入农民合作社、签订售前合同，以及加强对农户承包耕地的产地检验等，提高农户的行为能力和思想意识。

第三节 研究不足与研究展望

第一，由于农业绿色发展是一个较大的体系，农业绿色生产行为不仅包括施用有机化肥、采用绿色农药替代化学农药、采取保护性耕作技术及秸秆资源化处理，还包括先进的灌溉技术，废弃农药、化肥包装物的处理，地膜回收，测土配方施肥等行为。本书仅从列举的农业绿色生产行为出发点，从农户的微观视角研究农业绿色发展的机制。虽然本书的主题是农业绿色发展的影响因素和作用机制，但实际上是想回答如何制定政策，以便快速高效地引导农户采纳农业绿色生产行为。在以后的研究中，需要界定更为全面的农业绿色生产行为，并对其进行深入的分析。

第二，农户是否采纳农业绿色生产行为，以及采纳哪种程度的农业绿色生产行为并非局限于农业补贴政策的激励，农户更多考虑的是成本收益问题。因此，将研究聚焦在农业补贴对农户农业绿色生产行为采纳的影响，并没有考虑到农户对收益（利润）最大化的实际追求。虽然，在理论框架中，本书考虑了农户收益最大化的目标问题，但是在实际的实证分析中并没有具体分析农户的成本收益权衡是如何影响农户农业绿色生产行为的。

第三，农业补贴政策涉及的具体项目众多，不仅包括以显性的以"农业补贴"标明的政策，如农业支持保护补贴、耕地地力保护补贴、农机具购置补贴、农机深松作业补贴、绿色农药补贴、灌溉补贴、有机肥替代化肥补贴等，还包括一些"隐形"的农业补贴政策。在未来的研究中，还需要进一步考虑到这些"隐形"的农业补贴政策可能对农户农业绿色生产行为采纳产生的影响。

第四，本书在分析农户微观视角下农业绿色生产行为采纳的作机理和农业绿色发展的机制分析时，虽然考虑了政策不完善和市场失灵，但是并没有进一步深入分析政策不完善和市场失灵如何对农户农业绿色生产行为产生影响。因此，在以后的研究中，可以拓展这方面的研究。

第五，迫于实地调研经费和调研时间的压力，本书所使用的数据均来自江西省，缺乏其他省的数据。另外，在所调查的农户中，也鲜有较大规模经营的农户。因此，以后的研究可以考虑增加调研样本省份或者集中调查规模经营农户的农业绿色生产行为采纳，并且可以从案例研究的视角，具体分析农业补贴政策对农户农业绿色生产行为采纳的作用。

附录一

1982—1986、2004—2018年"一号文件"全称

年份	一号文件
1982	《全国农村工作会议纪要》
1983	《当前农村经济政策的若干问题》
1984	《关于1984年农村工作的通知》
1985	《关于进一步活跃农村经济的十项政策》
1986	《关于1986年农村工作的部署》
2004	《中共中央 国务院关于促进农民增加收入若干政策的意见》
2005	《中共中央 国务院关于进一步加强农村工作提高农业综合生产能力若干政策的意见》
2006	《中共中央 国务院关于推进社会主义新农村建设的若干意见》
2007	《中共中央 国务院关于积极发展现代农业扎实推进社会主义新农村建设的若干意见》
2008	《中共中央 国务院关于切实加强农业基础建设进一步促进农业发展农民增收的若干意见》
2009	《中共中央 国务院关于2009年促进农业稳定发展农民持续增收的若干意见》
2010	《中共中央 国务院关于加大统筹城乡发展力度进一步夯实农业农村发展基础的若干意见》
2011	《中共中央 国务院关于加快水利改革发展的决定》
2012	《中共中央 国务院关于加快推进农业科技创新持续增强农产品供给保障能力的若干意见》
2013	《中共中央 国务院关于加快发展现代农业进一步增强农村发展活力的若干意见》
2014	《中共中央 国务院关于全面深化农村改革加快推进农业现代化的若干意见》
2015	《中共中央 国务院关于加大改革创新力度加快农业现代化建设的若干意见》
2016	《中共中央 国务院关于落实发展新理念加快农业现代化实现全面小康目标的若干意见》
2017	《中共中央 国务院关于深入推进农业供给侧结构性改革加快培育农业农村发展新动能的若干意见》
2018	《中共中央 国务院关于实施乡村振兴战略的意见》

附录二

问卷编号 NO：

农业补贴、农户行为与农业绿色发展调查问卷

您好，我是中国社会科学院研究生院的博士生，目前正在对农业补贴、农户行为与农业绿色发展进行调查，目的是了解农民采纳农业绿色生产行为的意愿。本次调查仅供内部研究使用，请您放心填写。在填写过程中，除有专门说明外，每个问题只选填一个答案，请根据问卷要求在最符合您自身情况的选项序号上打"√"；进行多项选择时，请按先后顺序、重要程度填写。如问卷设置的选项与您的观点不符，请在选项后补充写明您的观点。衷心感谢您的配合与支持！谢谢！

____省____市/县____乡/镇____村____组

您的姓名_____

联系电话_____

调查员姓名_____

调查日期____年____月____日

1. 您家采用的灌溉技术是什么？①传统灌溉技术　②管灌技术　③滴灌技术

2. 您家施肥情况？①只施化肥　②施化肥和有机肥　③只施有机肥

3. 您家是否有采用绿色农药替代化学农药？①否　②是

4. 您家是否有采取保护性耕作技术以保护耕地？①否　②是

5. 您家的秸秆处置方式如何？①焚烧或废弃　②做生活燃料、饲料或制沼气　③出售　④秸秆还田

6. 您家是否有回收农药、化肥的废弃包装物？①否　②是

7. 您家是否有回收地膜？①否　②是

8. 您家是否有采取测土配方施肥技术？①否　②是

9. 您家是否有采用农业绿色生产行为？①否　②是

10. 您认为下列哪些行为属于农业绿色生产行为？

①节水灌溉　②有机肥替代化肥　③绿色农药替代化学农药　④采用保护性耕作技术　⑤秸秆综合利用　⑥农药、化肥废弃包装物回收　⑦地膜回收　⑧测土配方施肥

11. 您认为农业绿色生产行为具有下列哪些作用？

①节约资源　②降低成本　③保育生态　④提高产量　⑤减少环境污染　⑥改善土壤质量　⑦生产绿色农产品　⑧提高效率

12. 您是否愿意采取节水灌溉措施？①否　②是

13. 您是否愿意采用有机肥替代化肥？①否　②是

14. 您是否愿意采用绿色农药替代化学农药？①否　②是

15. 您是否愿意采取保护性耕作技术以保护耕地？①否　②是

16. 您是否愿意采取秸秆综合利用行为？①否　②是

17. 您是否愿意回收农药、化肥的废弃包装物？①否　②是

18. 您是否愿意回收地膜？①否　②是

19. 您是否愿意采取测土配方施肥技术？①否　②是

20. 您了解农业支持保护补贴政策的具体内容吗？

①完全不了解　②比较不了解　③一般　④比较了解　⑤非常了解

21. 您了解耕地地力保护补贴政策的具体内容吗？

①完全不了解　②比较不了解　③一般　④比较了解　⑤非常了解

22. 您了解农机具购置补贴的具体内容吗?

①完全不了解　②比较不了解　③一般　④比较了解　⑤非常了解

23. 您了解农机深松作业补贴吗?

①完全不了解　②比较不了解　③一般　④比较了解　⑤非常了解

24. 您了解绿色农药补贴吗?①完全不了解　②比较不了解　③一般　④比较了解　⑤非常了解

25. 您了解灌溉补贴吗?①完全不了解　②比较不了解　③一般　④比较了解　⑤非常了解

26. 您了解有机肥替代化肥补贴吗?①完全不了解　②比较不了解　③一般　④比较了解　⑤非常了解

27. 您认为农业绿色发展是未来的发展趋势吗?

①非常不同意　②比较不同意　③一般　④比较同意　⑤非常同意

28. 您同意农业绿色发展有利于改善环境吗?

①非常不同意　②比较不同意　③一般　④比较同意　⑤非常同意

29. 您可以轻易地发现农业绿色发展所带来的好处吗?

①非常不同意　②比较不同意　③一般　④比较同意　⑤非常同意

30. 您认为绿色农产品获利更多吗?

①非常不同意　②比较不同意　③一般　④比较同意　⑤非常同意

31. 您认为绿色农产品更有利于健康吗?

①非常不同意　②比较不同意　③一般　④比较同意　⑤非常同意

32. 您认为保护农业环境比发展农业经济更重要吗?

①非常不同意　②比较不同意　③一般　④比较同意　⑤非常同意

33. 您认为过量施肥会降低地力吗?

①非常不同意　②比较不同意　③一般　④比较同意　⑤非常同意

34. 您认为农药残留会危害人体健康吗?

①非常不同意　②比较不同意　③一般　④比较同意　⑤非常同意

35. 您认为随意丢弃农药、化肥的包装物会污染农业环境吗?

①非常不同意　②比较不同意　③一般　④比较同意　⑤非常同意

36. 您认为废弃农膜会污染环境吗?

①非常不同意　②比较不同意　③一般　④比较同意　⑤非常同意

37. 您认为农业废弃物应该资源化利用吗?

①非常不同意　②比较不同意　③一般　④比较同意　⑤非常同意

38. 您对现在的农业生产环境的满意程度?

①非常不满意　②比较不满意　③一般　④比较满意　⑤非常满意

39. 您对农业补贴政策的满意程度?

①非常不满意　②比较不满意　③一般　④比较满意　⑤非常满意

40. 您对农业环境污染的担忧程度?

①完全不担心　②比较不担心　③一般　④比较担心　⑤非常担心

41. 您认为实现农业绿色发展是政府的责任吗?

①非常不同意　②比较不同意　③一般　④比较同意　⑤非常同意

42. 您认为国家的环保法规会影响到您的农业绿色生产行为吗?

①非常不同意　②比较不同意　③一般　④比较同意　⑤非常同意

43. 您认为农业绿色生产造成的费用更应该由政府来负担吗?

①非常不同意　②比较不同意　③一般　④比较同意　⑤非常同意

假设促进农业绿色发展完全是政府的责任,因此,为了鼓励农户自愿参与农业绿色发展的工作中,政府会向农户发放一定的补贴。

44. 如果政府发放农业绿色生产行为补贴,您是否愿意采用农业绿色生产行为?　①否　②是

45. 如果政府发放农业绿色生产行为补贴,您能接受的最低补贴标准是多少?

① 0～100元/(年·亩)　② 101～200元/(年·亩)　③ 201～300元/(年·亩)　④ 301～400元/(年·亩)　⑤ 401～500元/(年·亩)　⑥ 501～600元/(年·亩)　⑦ 601～700元/(年·亩)　⑧ 701～800元/(年·亩)　⑨ 800元/(年·亩)以上,请填写金额[＿＿＿元/(年·亩)]　⑩不接受补贴或拒绝回答

46. 如果政府发放节水灌溉补贴,您是否愿意采用节水灌溉技术?①否　②是

47. 如果政府发放节水灌溉补贴,您能接受的最低补贴标准是多少?

① 0～100元/(年·亩)　② 101～200元/(年·亩)　③ 201～300元/(年·亩)　④ 301～400元/(年·亩)　⑤ 401～500元/(年·亩)

⑥ 501～600元/(年·亩)　⑦ 601～700元/(年·亩)　⑧ 701～800元/(年·亩)　⑨ 800元/年·亩 以上，请填写金额 [_____元/(年·亩)]　⑩不接受补贴或拒绝回答

48.如果政府发放耕地地力保护补贴，您是否愿意采用保护性耕作技术？①否　②是

49.如果政府发放耕地地力保护补贴，您能接受的最低补贴标准是多少？

① 0～100元/(年·亩)　② 101～200元/(年·亩)　③ 201～300元/(年·亩)　④ 301～400元/(年·亩)　⑤ 401～500元/(年·亩)　⑥ 501～600元/(年·亩)　⑦ 601～700元/(年·亩)　⑧ 701～800元/(年·亩)　⑨ 800元/(年·亩)以上，请填写金额 [_____元/(年·亩)]　⑩不接受补贴或拒绝回答

50.如果政府发放绿色农药补贴，您是否愿意采用绿色农药？①否　②是

51.如果政府发放绿色农药补贴，您能接受的最低补贴标准是多少？

① 0～100元/(年·亩)　② 101～200元/(年·亩)　③ 201～300元/(年·亩)　④ 301～400元/(年·亩)　⑤ 401～500元/(年·亩)　⑥ 501～600元/(年·亩)　⑦ 601～700元/(年·亩)　⑧ 701～800元/(年·亩)　⑨ 800元/(年·亩)以上，请填写金额 [_____元/(年·亩)]　⑩不接受补贴或拒绝回答

52.如果政府发放有机肥替代化肥补贴，您是否愿意采用有机肥？①否　②是

53.如果政府发放有机肥替代化肥补贴，您能接受的最低补贴标准是多少？

① 0～100元/(年·亩)　② 101～200元/(年·亩)　③ 201～300元/(年·亩)　④ 301～400元/(年·亩)　⑤ 401～500元/(年·亩)　⑥ 501～600元/(年·亩)　⑦ 601～700元/(年·亩)　⑧ 701～800元/(年·亩)　⑨ 800元/(年·亩)以上，请填写金额 [_____元/(年·亩)]　⑩不接受补贴或拒绝回答

54. 您是否具有采用农业绿色生产技术的资金?

①非常不同意　②比较不同意　③一般　④比较同意　⑤非常同意

55. 您认为农业绿色生产劳动强度大?

①非常不同意　②比较不同意　③一般　④比较同意　⑤非常同意

56. 您认为农业绿色发展不可能实现?

①非常不同意　②比较不同意　③一般　④比较同意　⑤非常同意

57. 您认为通过简单地培训或者讲解,您就可以轻易掌握农业绿色生产技术?

①非常不同意　②比较不同意　③一般　④比较同意　⑤非常同意

58. 您是否参加过农业绿色生产技术培训?　①否　②是

59. 如果政府对采用农业绿色生产行为发放补贴,您能接受每年每亩地200元的补贴标准吗?

①否(请给出一个比200元更高的金额_____元)②是(请给出一个比200元更低的金额_____元)

60. 如果政府对采用节水灌溉技术发放补贴,您能接受每年每亩地100元的补贴标准吗?

①否(请给出一个比100元更高的金额_____元)②是(请给出一个比100元更低的金额_____元)

61. 如果政府发放耕地地力保护补贴,您能接受每年每亩地100元的补贴标准吗?

①否(请给出一个比100元更高的金额_____元)②是(请给出一个比100元更低的金额_____元)

62. 如果政府发放绿色农药补贴,您能接受每年每亩地100元的补贴标准吗?

①否(请给出一个比100元更高的金额_____元)②是(请给出一个比100元更低的金额_____元)

63. 如果政府发放有机肥替代化肥补贴,您能接受每年每亩地100元的补贴标准吗?

①否(请给出一个比100元更高的金额_____元)②是(请给出一个比100元更低的金额_____元)

64. 您对本村水资源短缺程度的评价？

①非常短缺　②比较短缺　③一般　④比较不短缺　⑤非常短缺

65. 您对保护耕地资源重要性的评价？

①非常不重要　②比较不重要　③一般　④比较重要　⑤非常重要

66. 您的性别？　①女　②男

67. 您是哪年出生的？（请具体给出）（＿＿＿＿年）

68. 您的受教育程度？

①没上过学　②小学　③初中　④高中或中专　⑤大专及以上

69. 您的职业是什么？

①纯农业　②兼业但以农业为主　③兼业但以非农业为主

70. 您的务农年限？

①1～15年　②16～30年　③31～45年　④46年及以上

71. 您的身体是否健康？　①否　②是

72. 您是在近10年内迁入本村的吗？　①否　②是

73. 您有迁出本村的意愿吗？　①否　②是

74. 您喜欢风险吗？

①非常不喜欢　②比较不喜欢　③一般　④比较喜欢　⑤非常不喜欢

75. 您认为自己是耕地保护最主要的负责人吗？　①否　②是

76. 您家总共几口人？（请具体给出）（＿＿＿＿人）

77. 您家常年在家务农劳动力有多少人？（请具体给出）（＿＿＿＿人）

78. 您家有几亩耕地？（请具体给出）（＿＿＿＿亩）

79. 您家耕作的田地有多少亩是其他农户的？（请具体给出）（＿＿＿＿亩）

80. 您家一年的总收入是多少？

①0～1.99万元　②2万～3.99万元　③4万～5.99万元　④6万～7.99万元　⑤8万～9.99万元　⑥10万元及以上

81. 您家的主要收入来源是什么？　①种植业　②养殖业　③其他农业　④非农业

82. 您家是否有家庭成员是村干部或者党员？

①没有　②有

83. 您家去年是否获得过农业补贴?

①不是 ②是

84. 您家务农收入占一年总收入的百分比?

① 0%~20% ② 20%~40% ③ 40%~60% ④ 60%~80%
⑤ 80%~100%

85. 您家去年农业补贴与种粮投入的比重是多少?

① 0%~20% ② 20%~40% ③ 40%~60% ④ 60%~80%
⑤ 80%~100%

86. 您家的地块类型? ①平地 ②非平地

87. 您家的耕地肥沃程度如何?

①非常差 ②比较差 ③一般 ④比较好 ④非常好

88. 您家耕地的灌溉条件怎么样?

①不能灌溉 ②可以灌溉

89. 您家地块分散程度

①集中连片,相距较近 ②零星分布,相距较远

90. 您家耕地距离您家房子的远近程度如何?

①非常近 ②比较近 ③一般 ④比较远 ⑤非常远

91. 您家耕地是否适合机械化? ①否 ②是

92. 您家主要种植粮食作物还是经济作物?

①粮食作物 ②经济作物

93. 您家种的粮食每年卖出多少?

① 0%~30% ② 30%~60% ③ 60%~100%

94. 当前村委会成员中,您经常接触的村干部数量是多少?

①0人 ②1人 ③2人 ④3人 ⑤4人 ⑥5人及以上

95. 您与村委会干部打交道的频繁程度如何?

①几乎没有 ②比较少 ③一般 ④经常 ⑤非常频繁

96. 您对本村村委会的工作状态最主要通过以下哪种途径了解? ①间接途径 ②直接途径

97. 您家耕地是否进行了产地检测

①否 ②是

98.您是通过以下哪种渠道获取信息？（排序，多选）

①电视　②亲友乡邻　③企业推广　④政府　⑤农业大户和示范户

99.您在做决策时，会考虑乡邻/亲朋/技术推广员的意见吗？

①非常不同意　②比较不同意　③一般　④比较同意　⑤非常同意

100.您是否和乡亲经常串门？

①从来不　②偶尔　③一般　④经常　⑤非常频繁

101.如果您同村的其他人采用农业绿色生产技术的话，您会采用吗？

①一定不会　②比较不会　③不知道　④比较会　⑤一定会

102.您家是否加入农民合作社？　①否　②是

103.您家是否与农民合作社或企业签订售前合同？　①否　②是

104.您对这次问卷调查的理解程度如何？

①完全不理解　②比较不理解　③一般　④比较理解　⑤非常理解

到这，问卷调查就结束了。再次感谢您的真诚帮助！祝您身体健康、事事顺利！

参考文献

中文参考文献

[1] 陈强, 2014. 高级计量经济学及 Stata 应用（第二版）[M]. 北京: 高等教育出版社.

[2] 刘连馥, 2009. 绿色农业的初步实践 [M]. 北京: 中国农业出版社.

[3] 李周, 2015. 生态经济学 [M]. 北京: 中国社会科学出版社.

[4] 李秉龙, 2009. 农业经济学（第 2 版）[M]. 北京: 中国农业大学出版社.

[5] 彭文生, 2013. 渐行渐远的红利 [M]. 北京: 社会科学文献出版社.

[6] 赫尔曼·E·戴利, 乔舒亚·法利, 2014. 生态经济学原理和应用（第二版）[M]. 北京: 中国人民大学出版社.

[7] 蕾切尔·卡逊, 2018. 寂静的春天 [M]. 辛红娟, 译. 南京: 译林出版社.

[8] 西奥多·W·舒尔茨, 2006. 改造传统农业 [M]. 北京: 商务印书馆.

[9] 速水佑次郎, 2003. 发展经济学: 从贫困到富裕 [M]. 北京: 社会科学文献出版社.

[10] 吴明隆, 2017. 结构方程模型: AMOS 的操作与应用（第二版）[M]. 重庆: 重庆大学出版社.

[11] 周冯琦, 2016. 生态经济学理论前沿 [M]. 上海: 上海社会科学院出版社.

[12] 蔡昉, 2013. 理解中国经济发展的过去、现在和将来——基于一个贯通的增长理论框架 [J]. 经济研究, 48（11）: 4-16.

[13] 曹裕, 杜志伟, 万光羽, 2018. 不同农药残留标准下家庭农场种植行为选择 [J]. 系统工程理论与实践, 38（6）: 1492-1501.

[14] 陈慧萍, 武拉平, 王玉斌, 2010. 补贴政策对我国粮食生产的影响——基于 2004—2007 年分省数据的实证分析 [J]. 农业技术经济,（4）: 100-106.

[15] 陈卫平, 王笑丛, 2018. 制度环境对农户生产绿色转型意愿的影响: 新制度理论的视角 [J]. 东岳论丛, 39（6）: 114-123.

[16] 程百川, 2016. 构建更有竞争力的农产品补贴体系——从玉米产业说开去 [J]. 农业经

济问题，37（1）：10-15.

[17] 程国强，朱满德，2012.中国工业化中期阶段的农业补贴制度与政策选择[J].管理世界，（1）：9-20.

[18] 崔海霞，宗义湘，赵帮宏，2018.欧盟农业绿色发展支持政策体系演进分析——基于OECD农业政策评估系统[J].农业经济问题，（5）：130-142.

[19] 董峻，高云才，2017.让绿色发展成为中国农业发展方式的战略选择[N].中华合作时报，2017-10-10.

[20] 范宝学，2011.财政惠农补贴政策效应评价及改进对策[J].财政研究，（4）：18-21.

[21] 方时姣，2009.西方生态经济学理论的新发展[J].国外社会科学，（3）：12-18.

[22] 冯海发，2015.农业补贴制度改革的思路和措施[J].农业经济问题，36（3）：8-10.

[23] 冯继康，2007.美国农业补贴政策：历史演变与发展走势[J].中国农村经济，（3）：73-80.

[24] 葛颜祥，梁丽娟，王蓓蓓，吴菲菲，2009.黄河流域居民生态补偿意愿及支付水平分析——以山东省为例[J].中国农村经济，（10）：77-85.

[25] 耿士威，罗剑朝，2018.基于Logit-ISM模型的农户参与产业链融资意愿影响因素实证分析[J].武汉金融，（8）：69-74.

[26] 耿宇宁，郑少锋，陆迁，2017.经济激励、社会网络对农户绿色防控技术采纳行为的影响——来自陕西猕猴桃主产区的证据[J].华中农业大学学报（社会科学版），（6）：59-69.

[27] 郭利京，王颖，2018.农户生物农药施用为何"说一套，做一套"?[J].华中农业大学学报（社会科学版），（4）：71-80.

[28] 韩枫，朱立志，2016.西部生态脆弱区秸秆焚烧或饲料化利用选择分析——基于Bivariate-Probit模型[J].农村经济，（12）：74-81.

[29] 何烨，2017.让农业重回本色[N].农民日报，2017-09-18.

[30] 贺志武，雷云，陆迁，2018.技术不确定性、社会网络对农户节水灌溉技术采用的影响——以甘肃省张掖市为例[J].干旱区资源与环境，32（5）：59-63.

[31] 侯建昀，刘军弟，霍学喜，2014.区域异质性视角下农户农药施用行为研究——基于非线性面板数据的实证分析[J].华中农业大学学报（社会科学版），（4）：1-9.

[32] 侯玲玲，孙倩，穆月英，2012.农业补贴政策对农业面源污染的影响分析——从化肥需求的视角[J].中国农业大学学报，17（4）：173-178.

[33] 侯石安，赵和楠，2016. 中国粮食安全与农业补贴政策的调整 [J]. 贵州社会科学，（1）：143-151.

[34] 胡琴心，任月，朱洪革，2018. 全面停伐政策降低国有林区居民的生活满意度了吗？——基于多元有序 Logit 模型回归 [J]. 林业经济，40（5）：33-38.

[35] 胡新杰，赵波，2013. 我国正规信贷市场农户借贷约束研究——基于双变量 Probit 模型的实证分析 [J]. 金融理论与实践，（2）：12-17.

[36] 华红娟，常向阳，2012. 农业生产经营组织对农户食品安全生产行为影响研究——基于江苏省葡萄种植户的实证分析 [J]. 江苏社会科学，（6）：90-96.

[37] 黄汉权，蓝海涛，王为农，涂圣伟，张义博，卞靖，2016. 我国农业补贴政策改革思路研究 [J]. 宏观经济研究，（8）：3-11.

[38] 黄季焜，王晓兵，智华勇，黄珠容，2011, Scott Rozelle. 粮食直补和农资综合补贴对农业生产的影响 [J]. 农业技术经济，（1）：4-12.

[39] 黄腾，赵佳佳，魏娟，刘天军，2018. 节水灌溉技术认知、采用强度与收入效应——基于甘肃省微观农户数据的实证分析 [J]. 资源科学，40（2）：347-358.

[40] 黄武，黄宏伟，朱文家，2012. 农户秸秆处理行为的实证分析——以江苏省为例 [J]. 中国农村观察，（4）：37-43.

[41] 黄炎忠，罗小锋，2018. 既吃又卖：稻农的生物农药施用行为差异分析 [J]. 中国农村经济，（7）：63-78.

[42] 姜健，周静，孙若愚，2017. 菜农过量施用农药行为分析——以辽宁省蔬菜种植户为例 [J]. 农业技术经济，（11）：16-25.

[43] 姜利娜，赵霞，2017. 农户绿色农药购买意愿与行为的悖离研究——基于5省863个分散农户的调研数据 [J]. 中国农业大学学报，22（5）：163-173.

[44] 姜松，王钊，黄庆华，周志波，陈习定，2012. 粮食生产中科技进步速度及贡献研究 [J]. 农业技术经济，（10）：40-51.

[45] 金书秦，沈贵银，2013. 中国农业面源污染的困境摆脱与绿色转型 [J]. 改革，（5）：79-87.

[46] 李晨爽，肖贵蓉，2016. "绿色增长"概念解析 [J]. 当代经济，（14）：6-7.

[47] 李光泗，朱丽莉，马凌，2007. 无公害农产品认证对农户农药使用行为的影响——以江苏省南京市为例 [J]. 农村经济，（5）：95-97.

[48] 李昊，李世平，南灵，李晓庆，2018. 中国农户环境友好型农药施用行为影响因素的 Meta 分析 [J]. 资源科学，40（1）：74-88.

[49] 李昊，李世平，南灵，赵连杰，2018.农户农药施用行为及其影响因素——来自鲁、晋、陕、甘四省693份经济作物种植户的经验证据[J].干旱区资源与环境，32（2）：161-168.

[50] 李江一，2016.农业补贴政策效应评估：激励效应与财富效应[J].中国农村经济，（12）：17-32.

[51] 李娇，王志彬，2017.基于Probit和Tobit双模型的农户节水灌溉技术采用行为研究——以张掖市为例[J].节水灌溉，（12）：85-89.

[52] 李杰，2009.基于空间内生增长理论的区域差异成因探析[J].南开经济研究，（3）：87-107.

[53] 李锦华，2016.生态循环农业引领绿色转型发展——访农业部农业生态与资源保护总站站长王衍亮[J].农村工作通讯，（23）：46-48.

[54] 李俊利，张俊飚，2011.农户采用节水灌溉技术的影响因素分析——来自河南省的实证调查[J].中国科技论坛，（8）：141-145.

[55] 李俊睿，王西琴，王雨濛，2018.农户参与灌溉的行为研究——以河北省石津灌区为例[J].农业技术经济，（5）：66-76.

[56] 李世杰，朱雪兰，洪潇伟，韦开蕾，2013.农户认知、农药补贴与农户安全农产品生产用药意愿——基于对海南省冬季瓜菜种植农户的问卷调查[J].中国农村观察，（5）：55-69.

[57] 李想，穆月英，2013.农户可持续生产技术采用的关联效应及影响因素——基于辽宁设施蔬菜种植户的实证分析[J].南京农业大学学报（社会科学版），13（4）：62-68.

[58] 李祥妹，刘淑怡，刘亚洲，2016.农户棉花秸秆出售行为影响因素研究——以河北省邢台市威县为例[J].华中农业大学学报（社会科学版），（6）：26-31.

[59] 李英，张越杰，2013.基于质量安全视角的稻米生产组织模式选择及其影响因素分析——以吉林省为例[J].中国农村经济，（5）：68-77.

[60] 刘冰，张磊，2017.山东绿色发展水平评价及对策探析[J].经济问题探索，（7）：141-152.

[61] 刘军弟，霍学喜，黄玉祥，韩文霆，2012.基于农户受偿意愿的节水灌溉补贴标准研究[J].农业技术经济，（11）：29-40.

[62] 刘俊辉，曾福生，2018.推进我国农业绿色转型发展的路径探讨——以湖南省为例[J].中南林业科技大学学报（社会科学版），12（5）：55-60.

[63] 刘琳，贾根良，2013.生态经济学的演化特征与演化生态经济学[J].黑龙江社会科学，

(1): 56-62.

[64] 刘子飞, 2016. 中国绿色农业发展历程、现状与预测 [J]. 改革与战略, 32 (12): 94-102.

[65] 卢小丽, 李卉, 2017. 自然资源和环境质量双约束下的绿色增长研究 [J]. 科技与管理, 19 (2): 30-36.

[66] 吕悦风, 陈会广, 2015. 农业补贴政策及其对土地流转的影响研究 [J]. 农业现代化研究, 36 (3): 362-367.

[67] 马恒运, 2018. 农户秸秆利用方式及行为影响因素研究——基于河南省农户调查 [J]. 东岳论丛, 39 (3): 28-35.

[68] 潘世磊, 严立冬, 屈志光, 邓远建, 2018. 绿色农业发展中的农户意愿及其行为影响因素研究——基于浙江丽水市农户调查数据的实证 [J]. 江西财经大学学报, (2): 79-89.

[68] 彭小辉, 史清华, 朱喜, 2018. 中国粮食产量连续增长的源泉 [J]. 农业经济问题, (1): 97-109.

[70] 彭方有, 何建平, 徐高福气, 章德三, 2014. 生态农业休闲观光园建设规划实践——以千岛湖十八坞生态农业休闲观光园为例 [J]. 中国林业经济, (2): 61-64.

[71] 漆军, 朱利群, 陈利根, 李群, 2016. 苏、浙、皖农户秸秆处理行为分析 [J]. 资源科学, 38 (6): 1099-1108.

[72] 屈志光, 崔元锋, 邓远建, 2013. 基于多任务代理的农业绿色发展能力研究 [J]. 生态经济, (4): 102-105.

[73] 邝佛缘, 陈美球, 李志朋, 彭欣欣, 刘静, 刘洋洋, 2018. 农户生态环境认知与保护行为的差异分析——以农药化肥使用为例 [J]. 水土保持研究, 25 (1): 321-326.

[74] 乔翠霞, 2012. 农业部补贴绩效影响因素分析——基于政府决策与农户行为反应的视角 [J]. 山东大学学报 (哲学社会科学版), (1): 22-26.

[75] 任重, 陈英华, 2018. 农户生活废弃物处置行为及其影响因素研究 [J]. 干旱区资源与环境, 32 (10): 82-87.

[76] 尚晓, 李扬俊, 杨涛, 2017. "十二五" 期间新疆区域绿色发展水平测度评估与分析 [J]. 金融发展评论, (6): 58-68.

[77] 沈满洪, 2006. 生态经济学的发展与创新——纪念许涤新先生主编的《生态经济学》出版 20 周年 [J]. 财经理论研究, (6): 20-23.

[78] 沈满洪, 2009. 生态经济学的定义、范畴与规律 [J]. 生态经济, (1): 42-47.

[79] 沈晓艳，王广洪，黄贤金，2017.1997—2013年中国绿色GDP核算及时空格局研究[J]. 自然资源学报，32（10）：1639-1650.

[80] 盛锦，田红英，2018.基于博弈论视角的蔬菜农药残留管理问题研究[J]. 农村经济，（11）：68-72.

[81] 史冰清，孔祥智，钟真，2013.农民参与不同市场组织形式的特征及行为研究——基于鲁、宁、晋三省的实地调研数据分析[J]. 江汉论坛，（1）：50-57.

[82] 时小琳，刘伟平，戴永务，2017.补贴政策对农户油茶种植决策行为影响的实证分析[J]. 林业经济，39（9）：94-99.

[83] 童洪志，刘伟，2018.政策组合对农户保护性耕作技术采纳行为的影响机制研究[J]. 软科学，32（5）：18-23.

[84] 王昌海，2014.农户生态保护态度：新发现与政策启示[J]. 管理世界，（11）：70-79.

[85] 王常伟，顾海英，2013.市场VS政府，什么力量影响了我国菜农农药用量的选择？[J]. 管理世界，（11）：50-66.

[86] 王德胜，2016.绿色农业的发展现状与未来展望[J]. 中国农业资源与区划，37（2）：226-230.

[87] 王格玲，陆迁，2015.社会网络影响农户技术采用倒U型关系的检验——以甘肃省民勤县节水灌溉技术采用为例[J]. 农业技术经济，（10）：92-106.

[88] 王洪丽，杨印生，2016.农产品质量与小农户生产行为——基于吉林省293户稻农的实证分析[J]. 社会科学战线，（6）：64-69.

[89] 王火根，黄弋华，包浩华，丁文龙，黄文生，2018.基于Logit-ISM模型的农户生物质能利用意愿影响因素分析[J]. 干旱区资源与环境，32（10）：39-44.

[90] 王建华，马玉婷，王晓莉，2014.农产品安全生产：农户农药施用知识与技能培训[J]. 中国人口·资源与环境，24（4）：54-63.

[91] 王静，霍学喜，2012.果园精细管理技术的联立选择行为及其影响因素分析——以陕西洛川苹果种植户为例[J]. 南京农业大学学报（社会科学版），12（2）：58-67.

[92] 王霞，吕德宏，2013.基于多分类有序Logit模型的农户信用等级影响因素[J]. 中国农业大学学报，18（3）：209-214.

[93] 王秀峰，2006.喀斯特地区农业可持续发展理论及其应用研究[D]. 武汉理工大学.

[94] 王兴贵，2014.甘孜州农业绿色发展SWOT分析与对策研究[J]. 浙江农业科学，（4）：607-611.

[95] 王许沁，张宗毅，葛继红，2018.农机购置补贴政策：效果与效率——基于激励效应与挤出效应视角[J].中国农村观察，（2）：60-74.

[96] 王宇惠，2017.农户秸秆利用行为调查研究——以甘肃省张掖市玉米秸秆为例[J].云南农业大学学报（社会科学），11（5）：55-59.

[97] 武春友，郭玲玲，于惊涛，2017.基于TOPSIS-灰色关联分析的区域绿色增长系统评价模型及实证[J].管理评论，29（1）：228-239.

[98] 吴海涛，霍增辉，臧凯波，2015.农业补贴对农户农业生产行为的影响分析——来自湖北农村的实证[J].华中农业大学学报（社会科学版），（5）：25-31.

[99] 吴连翠，谭俊美，2013.粮食补贴政策的作用路径及产量效应实证分析[J].中国人口·资源与环境，23（9）：100-106.

[100] 吴旭晓，2017.河南绿色发展水平测度及提升对策[J].区域经济评论，（4）：132-139.

[101] 吴雪莲，张俊飚，丰军辉，2017.农户绿色农业技术认知影响因素及其层级结构分解——基于Probit-ISM模型[J].华中农业大学学报（社会科学版），（5）：36-45.

[102] 邢娇阳，杨建利，2013.我国农业补贴促进产地环境保护的现状、障碍及对策研究[J].宏观经济研究，（2）：24-28.

[103] 熊冬洋，2017.促进低碳农业发展的财政政策研究[J].经济纵横，（5）：112-117.

[104] 许朗，刘金金，2013.农户节水灌溉技术选择行为的影响因素分析——基于山东省蒙阴县的调查数据[J].中国农村观察，（6）：45-51.

[105] 许广月，宋德勇，2008.环境税双重红利理论的动态扩展——基于内生增长理论的初步分析框架[J].广东商学院学报，（4）：4-9.

[106] 薛彩霞，黄玉祥，韩文霆，2018.政府补贴、采用效果对农户节水灌溉技术持续采用行为的影响研究[J].资源科学，40（7）：1418-1428.

[107] 严红，2017.内生增长——西部民族地区打破"资源诅咒"的路径选择[J].生态经济，33（9）：54-58.

[108] 颜廷武，张童朝，何可，张俊飚，2017.作物秸秆还田利用的农民决策行为研究——基于皖鲁等七省的调查[J].农业经济问题，38（4）：39-48.

[109] 杨灿，朱玉林，2016.论供给侧结构性改革背景下的湖南农业绿色发展对策[J].中南林业科技大学学报（社会科学版），10（5）：1-5.

[110] 杨丹，高汉，2012.信贷市场与农地使用权流转——基于双变量Probit模型的实证分析[J].世界经济文汇，（2）：60-73.

[111] 杨文进,柳杨青,2012.生态经济学建设的若干设想——边缘交叉经济学科建设的一般方法论探讨[J].中国地质大学学报(社会科学版),12(2):34-39.

[112] 杨泳冰,胡浩,王益文,2012.农户以商品有机肥替代化肥的行为分析——基于江苏南通市228户调查数据[J].湖南农业大学学报(社会科学版),13(6):1-6.

[113] 杨钰蓉,罗小锋,2018.减量替代政策对农户有机肥替代技术模式采纳的影响——基于湖北省茶叶种植户调查数据的实证分析[J].农业技术经济,(10):77-85.

[114] 姚科艳,陈利根,刘珍珍,2018.农户禀赋、政策因素及作物类型对秸秆还田技术采纳决策的影响[J].农业技术经济,(12):64-75.

[115] 尹政平,2015.开放经济背景下的低碳供应链理论探索与启示[J].经济问题探索,(10):150-156.

[116] 于法稳,2016.习近平绿色发展新思想与农业的绿色转型发展[J].中国农村观察,(5):2-9.

[117] 于法稳,2018.新时代农业绿色发展动因、核心及对策研究[J].中国农村经济,(5):19-34.

[118] 俞海,王勇,张永亮,赵子君,张燕,2017."十三五"中国绿色增长路径识别分析[J].中国人口·资源与环境,27(S1):1-8.

[119] 余威震,罗小锋,李容容,薛龙飞,黄磊,2017.绿色认知视角下农户绿色技术采纳意愿与行为悖离研究[J].资源科学,39(8):1573-1583.

[120] 于文嵩,武春友,郭玲玲,2015.基于甜甜圈理论的各国(地区)绿色增长评价[J].经济与管理研究,36(6):3-9.

[121] 袁文华,李建春,刘呈庆,吴美玉,2017.城市绿色发展评价体系及空间效应研究——基于山东省17地市时空面板数据的实证分析[J].华东经济管理,31(5):19-27.

[122] 岳良文,李孟刚,武春友,2017.城市化、信息化和绿色化互动评价模型:基于耦合理论的实证分析[J].经济问题探索,(6):71-80.

[123] 张崇尚,陈菲菲,李登旺,仇焕广,2017.我国农产品价格支持政策改革的效果与建议[J].经济社会体制比较,(1):71-79.

[124] 张董敏,齐振宏,李欣蕊,曹丽红,朱萌,邬兰娅,2015.农户两型农业认知对行为响应的作用机制——基于TPB和多群组SEM的实证研究[J].资源科学,37(7):1482-1490.

[125] 张慧琴，吕杰，2017.农户对粮食生产补贴政策认知与规模变动反应研究？——基于黑龙江省种粮农户的调查 [J].农业现代化研究，38（4）：614-622.

[126] 张洪潮，李芳，张静萍，2017.资源型区域工业企业两阶段技术创新效率评价——基于绿色增长视角 [J].科技管理研究，37（8）：69-76.

[127] 张晋华，郭云南，黄英伟，2017.社会网络对农户正规信贷的影响——基于双变量Probit模型和SEM模型的证据 [J].中南财经政法大学学报，（6）：83-93.

[128] 张利国，李礼连，李学荣，2017.农户道德风险行为发生的影响因素分析——基于结构方程模型的实证研究 [J].江西财经大学学报，（6）：77-86.

[129] 张连刚，支玲，谢彦明，张静，2016.农民合作社发展顶层设计：政策演变与前瞻——基于中央"一号文件"的政策回顾 [J].中国农村观察，（5）：10-21.

[130] 张瑶，徐涛，赵敏娟，2019.生态认知、生计资本与牧民草原保护意愿——基于结构方程模型的实证分析 [J].干旱区资源与环境，33（4）：35-42.

[131] 张正斌，王大生，2010.加快中国绿色农业和绿色食品技术标准体系建设 [J].中国科学院院刊，25（3）：288-297.

[132] 赵秀君，高进云，2019.被征地农民福利水平影响因素差异分析——基于Sen的可行能力理论和结构方程模型 [J].天津农业科学，25（1）：65-71.

[133] 赵旭强，穆月英，陈阜，2012.保护性耕作技术经济效益及其补贴政策的总体评价——来自山西省农户问卷调查的分析 [J].经济问题，（2）：74-77.

[134] 甄霖，王超，成升魁，2017.1953—2016年中国粮食补贴政策分析 [J].自然资源学报，32（06）：904-914.

[135] 钟春平，陈三攀，徐长生，2013.结构变迁、要素相对价格及农户行为——农业补贴的理论模型与微观经验证据 [J].金融研究，（5）：167-180.

[136] 周茜，2016.环境因子约束经济增长的理论机理与启示 [J].东南学术，（1）：152-158.

[137] 周荣华，张明林，2013.绿色食品生产中农户机会主义治理分析 [J].农村经济，（1）：119-122.

[138] 周英男，杨文晶，杨丹，2017.中国绿色增长政策影响因素提取及建构研究 [J].科学学与科学技术管理，38（2）：12-19.

[139] 周英男，杨文晶，王学先，2016.绿色增长政策研究述评与展望 [J].中国人口·资源与环境，2016，26（S2）：91-94.

[140] 周玉新，周健芝，戴迎春，2018.基于 Probit - ISM 模型的农户林农复合经营行为影响因素分析 [J].中国农学通报，34（30）：153-159.

[141] 朱红兵，张静，赵蕾，2017.我国旅游业绿色发展的创新路径 [J].北华大学学报（社会科学版），18（5）：114-117.

[142] 朱满德，程国强，2011.中国农业政策：支持水平、补贴效应与结构特征 [J].管理世界，（7）：52-60.

英文参考文献

[143] DAILY，C. 1997. Nature's Services：Societal Dependence on Natural Ecosystems[M]. Washington，D.C. & Covelo，California：Island Press

[144] WILLER H. 2010. Organic agriculture worldwide：current statistics[M]. London：Routledge.

[145] BARRO，RJ. 1995. Economic Growth[M]. New York：McGraw-Hill.

[146] BARBIER，EB. 2016. Building the Green Economy[J]. Canadian Public Policy，42（S1）：S1-S9.

[147] BUDRY，B，Curtis J. 2007. Environmental behavior structure and socio-economic conditions of hillside farmers：A multiple-group structural equation modeling approach[J]. Ecological Economics，Elsevier，62（3-4）：433-440.

[148] CHATTERJEE S，LAMBA R，ZAVERI E. 2017. The water Gap：Environmental effects of agricultural subsidies in India[J].，Work in Process，1-12.

[149] EDWARDS C. 2000. Downsizing the Federal Government[J].Contemporary Economic Policy，18（1）：107–123.

[150] FOROUZANI M，KARAMI E. 2007. Agricultural water poverty index and sustainability [J]. Agronomy for Sustainable Development，31（2）：415-431.

[151] GOMEZ-LIMON JA，ATANCE I. 2017. Identification of public objectives related to agricultural sector support[J]. Journal of Policy Modeling，26（8）：1045-1071.

[152] HAVLIK P，SCHNEIDER UA，SCHMID E，et al. 2011. Global land-use implications of first and second generation biofuel targets[J]. Energy Policy，39（10）：5690-5702.

[153] KHAN MA，AKHTAR MS. 2015. Agricultural Adaptation and Climate Change Policy for Crop Production in Africa[J]. Crop Production and Global Environmental Issues. Springer International Publishing，437-541.

[154]LAMBARRAA F, ZEIN K. 2009. Subsidies and technical efficiency: An application of stochastic frontier and Randon-effect Tobit models to LFA Spanish oliver farms[J]. The 113th EAAE seminar: A resilient European food industry and food chain in a challenging world, 9: 3-6.

[155]LEE S, NGUYEN TT, POPPENBORG P, SHIN H, KOELLNER T. 2016. Conventional, Partially Converted and Environmentally Friendly Farming in the Republic of Korea: Profitability and Factors Affecting Farmers' Choice[J]. Sustainability, 8（7）: 704.

[156]LIPPER L, THORNTON P, CAMPBELL BM et al. 2014. Corrigendum: Climate-smart agriculture for food security[J].Nature Climate Change, 4（12）: 1068–1072.

[157]MAHARJAN GR, PARK YS, KIM NW, et al. 2013. Evaluation of SWAT sub-daily runoff estimation at small agricultural watershed in Korea[J]. Frontiers of Environmental Science & Engineering, 7（1）: 109-119.

[158]MENOZZI D, FIORAVANZI M, DONATI M. 2015. Farmer's motivation to adopt sustainable agricultural practices[J]. Bio-based and Applied Economics, 4（2）: 125-147.

[159]HELMING J, TABEAU A.（2018）. The economic, environmental and agricultural land use effects in the European Union of agricultural labour subsidies under the Common Agricultural Policy[J]. Regional environmental change, 18: 763-773.

[160]OLIVER M, NORBERT H. 2008. Adoption of Organic Farming in Germany and Austria: An Integrative Dynamic Investment Perspective[J]. Agricultural Economics, 39: 135-145.

[161]MEREM EC, WESLEY J, ISOKPEHI P, NWAGBOSO E, et al. 2016. Assessing the environmental impacts of agricultural subsidies in the Mississippi Delta region using GIS[J]. International Journal of Agriculture and Forestry, 6（2）: 28-53.

[162]O'NEAL C. 2017. Do farm subsidies affect crop diversification? [J]. Georgia College & State University, Working paper.

[163]OTCHIA CS. 2014. Agricultural Modernization, Structural Change and Pro-poor Growth: Policy Options for the Democratic Republic of Congo[J]. Journal of Economic Structures, 3（1）: 1-43.

[164]PATTERSON P M. State-grown promotion programs: fresher, better?[J]. Choices, 2006, 21（1）: 41-46.

[165]PIETERS J. 2014. Can we recognize an environmentally harmful subsidy if we see

one?[M]. Paying the Polluter. Edward Elgar Publishing, 70-85.

[166]PIETOLA KS, ALFONS L. 2001. Farmer Response to Policies Promoting Organic Farming Technologies in Finland[J]. European Review of Agricultural Economics, 28（1）: 1-15.

[167]SWINTON SM, JOLEJOLE-FOREMAN CB, LUPI F, et al. 2015. Economic value of ecosystem services from agriculture[J]. The ecology of agricultural landscapes: Long-term research on the path to sustainability, 54-76.

[168]UEMATSU H, MISHRA AK. 2012. Organic farmers or conventional farmers: Where's the money?[J]. Ecological Economics, 78: 55-62.

[169]VINA A, DE LEON A. 2014. Two Global Challenges, One Solution: International Cooperation to Combat Climate Change and Tropical Deforestation[J]. Social Science Electronic Publishing, 388.

[170]VINA et al. 2011. National and global energy governance: issues, linkages and challenges in the Philippines[J]. Global Policy, 2（1）: 80-93.

[171]WALTER V. 2005. Millennium Ecosystem Assessment synthesis report: pre-publication final draft approved by MA Board on March 23, 2005. A Report of the Millennium Ecosystem Assessment[R]. March 23, 2005.

[172]WANG QS. 2010. The Farmers Behavior in Agricultural Insurance under the Von • Neuman-Morgenstern Utility Model[J]. Agriculture & Agricultural Science Procedia, 1: 226-229.

[173]WICK K, HEUMESSER C, SCHMID E. 2010. Nitrate Contamination of Groundwater in Austria: Determinants and Indicators[J]. Working Papers No. 49, 2010, Institute for Sustainable Economic Development, Department of Economics and Social Sciences, University of Natural Resources and Life Sciences, Vienna.

[174]ZRAKIC M, SALPUTRA G, LEVAK V. 2015. Potential impact of EU Common Agriculture Policy on Croatian dairy sector-modelling results[J]. *Croatian Dairy Union*, （65）: 3: 195-202.